LOCUS

LOCUS

LOCUS

LOCUS

Smile, please

smile 39 粉愛太太

(I Love, Therefore I Am)

作者：張孟起
插畫：麥仁杰
責任編輯：韓秀玟
美術編輯：謝富智
法律顧問：全理法律事務所董安丹律師
出版者：大塊文化出版股份有限公司
台北市105南京東路四段25號11樓
www.locuspublishing.com
讀者服務專線：0800-006689
TEL：(02) 87123898　FAX：(02) 87123897
郵撥帳號：18955675　戶名：大塊文化出版股份有限公司
e-mail:locus@locuspublishing.com
行政院新聞局局版北市業字第706號

總經銷：北城圖書有限公司　地址：台北縣三重市大智路139號
TEL：(02) 29818089 (代表號)　FAX：(02) 29883028　29813049
製版：源耕印刷事業有限公司
初版一刷：2001年 6 月
定價：新台幣 180 元
ISBN 957-0316-72-1
Printed in Taiwan

國家圖書館出版品預行編目資料

粉愛太太＝I Love, Therefore I am /
張孟起作.— 初版— 臺北市：大塊文化，2001 [民 90]
面；　公分.　(smile；39)

ISBN　957-0316-72-1(平裝)

1. 夫妻　2. 兩性關係

544.142

I Love, Therefore I Am

粉愛太太

張孟起◎著

目錄

〈萬歲女王 序〉

愛太太，要說更要做

劉璞

結婚十年之後，如果老公不再愛妳如昔，怎麼辦？

兩個辦法。一個辦法是送這本《粉愛太太》的書給他，請他按圖索驥，認眞學習；另一個辦法，假設自己更改性別，參照本書所提方法，依樣畫葫蘆，去愛妳的另一半。

這不是我在替自己老公打書，或是往老公臉上塗金粉，而是要給本書讀者一個交待。也就是說，我不只是在提供第一手讀後感言而已，而是以一個實際受惠者的角度，與讀者一起分享眞實獨家經驗。

憑良心說，畢竟我的老公寫了那麼多，不只是空口說大話，他是眞的有在身體力行，或者有些只是他的自我期許，而設下的努力標的——據我估計，後者的成分還比較大一些。

說到這裡，聰明的讀者，您只要稍為腦筋急轉彎一下就會知道：如果不是因爲愛情已經褪色，或兩人之間的濃情密意不如從前，他又何必大費周章、洋洋灑灑寫出「如何」愛太太。

你需要去教熱戀中的青年男女「如何」相愛嗎？當然不必，想也知道何必多此一舉。兩人若情濃意合，愛得如膠似漆，根本不必別人多費唇舌。

就是因爲結婚久了，愛情變淡了，才需要想出一些辦法來補強。

這種事情想起來，實在很不自然，而且有點悲哀。哪一個曾經刻骨銘心相愛過的人，不希望永遠停留在那深情繾綣的浪漫裡？沒有的。

可是，現實人生就是如此，人生永遠有起起落落，愛情也是如此。只是熱戀中的人，往往不肯相信愛情有激烈的迸出光熱的時候，也有熱量燃燒將盡的時候。

當愛情轉淡時，雙方之中，有人願意力求東山再起——而不是另起爐灶——總算是一件值得慶幸的事，而就不要一味追究「爲何不再愛我如昔」。

這就是我對這本書給予肯定的一個最重要的原因。

但是，這不表示我的老公就是一個完美的另一半。

不，絕對不是。

在我的眼裡，他的缺點一籮筐，而他愛太太的方式也不及格，這不光是他書上自己提出來愛太太的方法，並沒有百分之百的徹底實施，或是執行的認眞程度讓我不夠滿意，更重要的是，以我一個爲人妻子的角度來看，根本還有很多又實際又重要的方法，他並沒有提出來。換句話說，這本書寫的還不夠好，愛太太的方式還不夠完整。

爲什麼，他會有這些失誤呢？

原因很複雜。

有些是他壓根沒有想到——畢竟他不是完美情人；而有些則是他故意遺漏，因爲，那多是他做不到、也不願做的，這是有自知之明的作者都會做的事，以免自暴其短。

聰明的讀者，您我都心知肚明：不論自己再怎麼精明，難免會把心儀的作者美化，或是一廂情願地以爲作者們都是言行一致的，亦即相信他們都會依照自己所寫的來過日子。

這種現象有時候實在也怪不了讀者本人，而得歸咎於作者的巧妙安排，或是故意設下陷阱，甚至是刻意一手遮天，以建立他們在讀者心目中美好的形象。

我之所以會有這麼多的感慨，是因爲我也曾犯這種毛病，是個過來人，曾經也有過因爲太認識作者本人，而破壞了他們在我心目中的神聖地位，事後那種痛苦的感覺，不下於被朋友背叛，或被人倒會。

而且，很不巧的，我的老公也是一個搖筆桿爲生的人，所以我自然更有機會去驗證他寫在書上的每一句話，尤其是這些話與我有實際切身的關係。

有句俗語說：「侍從官眼中的將軍，不過只是一介凡夫。」同樣的，作爲一個專門教人家如何愛老婆的作家的另一半，並不覺得這個作家眞的是愛老婆專家，他甚至連情聖范倫鐵諾的一半都做不到。

他不但愛的不夠，而且還不肯老實的把它們都寫出來，實在很可惡。但是，諸位讀者，可不要因爲他在書上沒寫到的愛太太的方法，就以爲可以不要做。

這可萬萬使不得！

雖然中國古有明訓：「妻以夫爲貴」。自己的公老好不容易出了一本書，應該努力褒揚他，幫他珍惜他的羽毛，並且到處爲他大做宣傳才對，怎麼反而還要揭露他的弱點呢？如果這本書銷路不好，豈不是多給他一個脫罪的藉口。

這其中所牽涉到的，不光只是我的良心問題而已，因爲唯有如此才對得起捧場買這本書的讀者；也不是說，我自以爲比老公高一等，把那些被他疏忽的方法給寫出來，才可以使得本書更爲完整，以顯示我比他更高明。

絕對不只是如此而已。

我一定必須說出來最重要的原因是：希望我的老公也可以做到那些我認爲很重要，卻被他遺漏的愛太太方法。

究竟哪些是我認爲重要，卻被他遺漏的愛太太法則呢？

首先，就是，對於一個已經結婚十年的老婆來說，輕憐蜜愛固然重要，但是仍然比不上送一些有價值的東西，例如一顆五克拉的大鑽戒，或是兩張去阿拉斯加的愛之船船票，其他如鑲金鑽手錶、義大利名牌皮靴、克莉斯汀•迪奧的流行套裝……總之，愈名貴、愈奢侈、愈稀有、愈豪華，愈好！

雖然，我老公書中也曾提到送禮給老婆的重要性，但是他卻沒有明確提出究竟該送哪些禮物，就算他順手拈來，一筆帶過的什麼香水、巧克力的，也都太小兒科了；此外，讀者諸君，您是否也發現，他所寫的這一章，不但不是放在最前面，而且還寫的特別短呢？

經我這麼一點，您想必猜到了吧！他可能要不是天性小氣，要不就是壓根沒想到送太太貴重禮物的重要性。

有人會辯白說，老夫老妻了，有送禮物就好了，何必在意送什麼重禮呢？何況禮輕情意重，維繫夫妻之間感情的，最重要的是無形的愛情，而不是有形的物質；又或者認爲，我這樣太拜金，太現實，也缺乏羅曼蒂克的氣氛了。

我可不這麼想！

就是因爲已經不是年輕幼稚的小女生了，幾句甜言蜜語、山盟海誓，一束花、幾枝蠟燭，就可以輕易打發；上了年紀的女人，經歷過歲月的磨難，而且更了解青春不再的殘酷事實，因此更需要一些貴重而實際的東西，來當做愛情的證物。

當然，我老公書中提到，凡是房屋、汽車等重要資產，或是銀行存款等，要大方地放在太太名下，以贏得她的歡心。女性讀者朋友，如果您的老公看了本書後，也開始這麼做，您也不必高興太早，以爲那是老公眞愛的表示，那可就錯了。

因爲登記名字的事情只是讓人心安而已，如果婚姻眞的有問題，要鬧分手的話，登記在誰的名下，在兩造對簿公堂時，恐怕都會重新核算，最主要還是看誰請得起比較心狠手辣的厲害律師。在美國、加拿大，離婚時，重要資產根本不管登記誰的名字，都得要平均對分，常看好萊塢明星八卦新聞的人，應該都很了解這一點。

不過，話說回來，老公願意把重要資產登記在妳名下，妳還是千萬不要客氣，就算過過乾癮也好——因爲這種登記的事情，除非是兩人要離婚，否則平時根本沒有大的實際作用。難道房子、汽車登記妳的名字，老公就不能分享了嗎？還是他每次使用時，得要付妳租金？夫妻之間明明算帳的，不太可能也算到這種地步。

至於像銀行存款這種事情，登記誰的名字，還比不上誰可以隨心所欲的使用來得重要，好比信用卡一樣，就算妳連個主卡都沒有，但是妳的老公卻讓妳的附卡刷到爆也不抱怨，那才是眞心愛妳的表示；否則，就算妳有再多自己的卡，每一筆帳卻都得要自己付，那又有什麼意思？

此外，本書中一再談到，太太由於年紀大了，需要先生更多的愛，對於這一點，我實在難以心服，好像在接受施捨一般。其實，在現實婚姻生活裡，最肯用心經營婚姻的人，往往是女性，而本書，由於是從男性的觀點出發，不免忽略到這一點。

女人想要激起丈夫的愛的做法不勝枚舉，最常見的是保持青春美麗，但這可不像一般男人所以爲的，女人愛漂亮只是虛榮而已——這種推想太膚淺，而且也把人給看扁了。

其實，女人這麼做有很多理由的，不純粹只是爲了自己，而且，當她們在辛苦的與歲月拔河的同時，她們又何嘗不希望她的另一半，也常保持有朝氣、有活力，既性感、又感性。

爲要促進雙方的愛意，做先生的不但要多鼓勵太太保持年輕苗條，而少講什麼上了年紀的女人應該重視智慧、內涵這種話，那是去講給已屆中年、對愛情幻想破滅、堅持抱定獨身主義的女人聽的。

如果太太喜歡去健身中心、跳有氧舞蹈、美容拉皮的，就該大大方方的爲她買長年貴賓券，最好做先生的自己也要配合做健身。

哪個女人不怕老？特別是已婚的女人。維持健美，最終受益者還不是爲了夫妻雙方本身，否則一個走樣的身材穿性感內衣能看嗎？

哦，對了！本書沒有提到性感內衣，也是一個不足之處，這麼實際有效的促進婚姻感情的方法，竟然忽略了。

性感內衣的妙用無窮，是我從一位閨中密友中得知的，她爲了提昇夫妻生活情趣，可謂用心良苦，包括學習使自己「不要在床上做貴婦，而要做蕩婦」的努力，這種女性眞足以做爲現代妻子的表率。

當然不見得每個做妻子的都需要性感內衣，但重點是必須正視夫妻性生活升級的心態，而這就必須充分掌握年長女人心靈最深處的欲望。

對少男少女們談「飲食男女，食色性也」，他們可能覺得你格調不高。婚前我的他，跟我轉述一個他大學男性同學所說的一句話：「戀愛不戀愛，精蟲在作怪。」當年還很清純的我，光是聽到這句話，就有強烈受侮辱感，並且要他立刻與這位「低級」、「噁心」的朋友絕交，但是經過十年婚姻生活之後，才發現這句話還眞是至理名言。

走過十年婚姻，做先生還一直停留在太太當年對於男女之事那個含羞答答的印象，以爲風花雪月就可以交待得過去了，未免也太不進入狀況。

爲什麼本書對於開創中年夫妻的性事著墨甚少呢？讀到這裏，讀者諸君心裡想的可能與我想的差不多了吧：要不是我那枕邊人缺乏想像力，就是他壓根不認爲這件事很重要。

也許，讀者您可能會相信「性這種事，做比說重要」，所以本書作者在這部分也就輕描淡寫，既可留給別人更多想像的空間，又可避免別人誤以爲他是情色作家。但是我認爲，既然有膽出書，就不該保留太多，更何況，性這件事在婚姻生活裏，眞的很重要，爲了刺激性趣，「說」與「做」都應該齊頭並進。—夫妻之間如果「只做不說」，我看那才是眞有問題，而且問題還眞不小。

走筆至此，我幾乎要擲筆興嘆了，他忽略的東西還眞不少！

但是爲了謹遵老公的指示，我還是振作起精神，繼續寫下去，而且不能再寫「吐槽」的事了，否則恐怕他就愛我愛不下去了。

總歸一句，在我眼裏，我老公的這本書，雖然仍未盡善盡美，不過讀者您也不可因此就把它打進冷宮，它還是有不少優點，值得您細細品味，請您務必要大力推廣；如果您是在書店翻到本書，又不幸先看到我的這篇序言，也請千萬不要就因此把它放回書架，因爲這樣會使得他送我大鑽戒的希望更爲渺茫。

說眞格的，我老公寫這本書，絕對是誠心誠意想要營造一個更美好的婚姻生活，並希望天下有情人終成眷屬之後，不要輕言分離；他本人在寫作此書時，偶爾也會因心有所感，向我懺悔表示，過去他對我們婚姻所付出的努力還不夠，有待加強之處甚多，希望今後我倆攜手再接再厲。

雖然我有點懷疑他究竟有什麼事對不起我，或是到底曾經有多麼不愛我？但是畢竟還是受到感動。

在我們的生活週遭，我們曾聽聞到很多不幸離異的故事，有許多就是自己的親朋好友，每每我們都爲之惋惜不已。在離婚率高漲的今天，有些人竟然對於別人分分合合的消息看得雲淡風輕，更糟糕的是，有的人居然把它們當成茶餘飯後的消遣話題，這些都是聞之令人心痛的事。

我們總是用一種哀矜勿喜的心情，去看每一件離婚的故事，並且也給自己很多的警惕。別人的悲劇，加上自己實際的婚姻生活體驗，使我們不得不相信，經營婚姻，眞不是一件容易的事。

我們也承認，天下沒有零缺點的婚姻，所有的婚姻都會有點問題，但是有問題的婚姻不一定要以離婚來收場。很多人因此認爲，既然婚姻維持不易，恐怕是這個制度有問題，所以有重新設計的必要，或根本就不要婚姻，亦或視婚姻如兒戲。老公與我都不贊同這種想法，並認爲這是倒果爲因，它只能對增加更多怨偶有助益，但對婚姻卻絕不會有幫助。

我更相信，婚姻不是愛情的墳墓，只有不肯再付出眞愛的人，才是自掘墳墓的人。婚姻不但保障愛情，而且也保護下一代，只有在婚姻中，愛情才有繼續發展的可能，愛情的果實也才碩大甜美。

最後，我要附帶提一下的是，我從一開始就把讀者設想爲女性，這不只是我身爲女性設身處地思考的結果，因爲我相信，這本書不是只寫給男人看的，女人也會看；事實上，略爲熟悉台灣出版市場的人都了解，今日台灣的讀者以女性居多，而閱讀愛情、婚姻關係的書籍者，更是以女性佔絕大多數。

如果您是女性讀者，一定會認同我的話，相信女性讀者較多是不爭的事實；但如果，閣下是男性讀者，或許會爲此感到有點不太開心。但是請先別皺眉頭，因爲在我的心田中，您是比一般男性要高明很多的，因爲您不但在讀書，而且還願意閱讀經營婚姻的書，所以十分難能可貴，不但您贏得我最高的敬意，而且相信您也會獲得太座的歡心，而如果您認眞執行本書的愛太太方法——別忘了這篇文章——我敢保證，尊夫人對於閣下的用心一定會熱情回報的。

祝福所有讀者諸君，愛情長存，婚姻美滿，生活幸福！

該送的都送了，接下來還有什麼花招？

1

結婚十年愛幾何

1 結婚十年愛幾何

不少婚姻專家都主張，夫妻之間不可以沒有約會，不論是老夫老妻，看個電影，吃個館子都是很有必要的。在台灣，除了要不要建核四不能聽專家的意見外，其餘的事倒不妨聽聽專家的意見，於是我就照做了。

成功了一半，也就那麼一半

我選了一個五星級飯店的義大利餐廳，先訂好位，安排孩子去朋友家玩，帶著太太盛裝赴宴。餐廳氣氛高雅浪漫不在話下，完全配得上看似搶劫的菜單價格，桌上燭光微微，只見對面太太美麗臉龐，完全不見眼角魚尾細紋。

如果說好的開始是成功的一半的話，我確定那晚已經成功了一半。

爲了鄭重其事，當然一個步驟都不能省。現榨鮮果汁、開胃菜、湯、沙拉、主菜、咖啡、甜點、水果逐一登場。只是在酒上省了點功夫，沒有細分開胃酒、佐餐酒、餐後酒，只點了一瓶紅酒。酒的價格或許不能令情婦一笑，但絕對令太太熱淚盈眶。

願意排除萬難，也捨得花錢，請太太吃上浪漫的一餐，足見我不是太爛的老公；而太太願意賞光，至不濟也有爲營造幸福婚姻假相背書的意願。

顯而易見，我的婚姻品質並不差。直到那晚上主菜之前，我都沒有懷疑過我的婚姻品質。

西餐的特色之一是慢，而且是愈貴的西餐愈慢。侍者好像深恐沒有給你充裕的細嚼慢嚥的時間，糟塌了主廚精心烹調的人間美味，而在收盤子回廚房時，就會被主廚殺死，陳屍冷凍櫃裡一樣，上菜與收盤子的時間，刻意牛步化，讓我都有反芻的念頭。

沒話找話說

剛開始我當然不會嫌菜上得慢，我哪那麼沒情調、沒氣質。

由衷的讚美太太今天打扮的漂亮，談談這家飯店的裝潢（碰巧我知道這家飯店許多擺設的歐洲藝術品，都是老闆帶著飯店的藝術顧問，親自到歐洲買的。談這個話題時，可以拖長點時間。）。提起孩子在朋友家不知道怎麼樣（我儘量克制自己，沒拿起已經關機的大哥大，打個電話到孩子朋友家　），再說到孩子是不是該補數學。又談到明天星期天，好像該陪太太回趟娘家，都快三個月沒回去，再不回去，岳母又要給臉色看了。接著和太太猜測沙拉吧旁邊的樟樹到底是眞的還是假的，太太堅持是假的，我則認爲樟樹有驅逐蟑螂的效果，所以是眞的也說不定。

講到蟑螂的時候，我將沙拉中最後一塊胡蘿蔔沾著義大利沙拉醬叉入口中。接下來實在想不到還有什麼可以說的，可以說的當然很多，但總得要是太太普通有興趣（不敢強求非常有興趣），或是沒聽過的吧，而且還要是自己有興趣說的，這就難了。太太也完全沒有協助我打破沈默的意圖，還在與她的沙拉奮戰。

於是我不自覺的四下張望起來。

老夫老妻　金口難開

瞧瞧別桌的男女，還都是有說有笑的，和我們這桌的沈默大大不同。仔細一看（燭光太暗，不仔細眞看不見），別桌男女的年齡組合，和我們也不太一樣。有一桌男女年齡都在三十上下，談笑之間還動手動腳的，手在桌上握握，腳在桌下踢踢，顯然是熱戀中人。有一桌男約六十富而多金，女不到三十不像生過小孩，兩人舉止端莊，輕聲細語，只不過女的看男的

你真的認為吃西餐聽二胡演奏很浪漫？

的眼神，頗爲惹火勾魂，男的則不時做出有益身體健康的深呼吸動作，顯示兩人關係絕非父女（其實燭光曚矓中，這對男女只給我一半提示，另一半是我推測的）哇，樓上不就是旅館嗎。

熱戀男女或是情夫情婦有說不完的話，倒也無可厚非。另有一桌男女，年齡和我們相仿，卻是談笑風生，就令我好生羨慕嫉妒，所幸又觀望一陣，他們拿出筆記本、計算機，算計起來。原來是談生意的，好家在。

等不及買單

至此，侍者才剛拿小刷子，將桌巾上的麵包屑掃走，爲主菜清除路障。天啊，主菜還沒上呢。這意味，我和太太大眼瞪小眼的時間，至少還有一小時。我在想等下結帳時索興付現金，不要刷卡了，起碼可以省下四分鐘，雖然不能累積哩程。上了車就好辦了，車上的收音機可是隨時開著的。

主菜在我和太太趕進度的態勢下吃完，我幾乎是以瞪的眼神明示侍者趕快來收盤子，上咖啡。

太太開始沈不住氣了，「你跟我就這麼沒話說嗎？」

我心裡想你又何必說破呢，只剩甜點、水果了。革命馬上成功，同志稍安勿躁嘛。口裡回說，「當然有話說呀。」

太太存心要我難看，說「那你就說啊。」

約七、八分鐘後（我不確定，因爲不敢看錶），我說「台北今年冬天，天氣還不錯，雨不多，不像往年又冷又溼的。」

太太說「你就沒別的話可以說了嗎？你還眞羅曼蒂克啊。」

鮮奶油來解圍

我來不及回話，幸好一小塊鮮奶油蛋糕上的鮮奶油，脫離了我太太手上的叉子，掉在她黑絲絨的裙子上。等到她由化裝室清理好出來時，我已經買完單，停車卡也蓋好章了，此時不走更待何時？

天啊，我一直覺得我和太太沒什麼問題，可是爲什麼就這麼沒話講。結婚才十年，樂觀估計還要繼續結婚三十年，如果人類醫學技術進步太快的話，情況可能更悲觀，往後的四、五十年日子要怎麼過？

經過相對無言的主菜、咖啡、甜點、水果，我確定我的婚姻品質是有問題的。我們不像熱戀男女有那麼多的甜言蜜語，也不像情夫情婦有那麼多的竊竊私語。老夫老妻的交談，就像女孩的迷你裙一樣，愈短愈好。

「幾點回來啊？」

「一樣。」

「可能下雨喔，帶把傘。」

「不用，車裡有，拜。」

這種問答一天只要二十句，就可以綽綽有餘的完成老夫老妻的溝通。

愛出了問題？

我還愛不愛太太？愛啊。太太還愛不愛我呢？應該愛吧。那爲什麼沒話可說呢？是不是我對太太的愛出了問題？

結婚十年後要如何愛太太？

很多人一定會覺得很奇怪，我爲何會有此一問。不是早有智者說過「婚姻是愛情的墳墓」嗎？

結婚都十年了，還有愛不愛這種幼稚無知的問題嗎？愛或不愛，反正婚都結了，而且看樣子還要繼續結下去，那就昏到底吧。管它愛不愛。

之所以會將「結婚十年後要如何愛太太？」正經八百的當一個問題來看待，除了是受到那頓「浪漫的義大利菜」的刺激外，我一位辦過不少離婚案件的律師朋友也給了我警惕。

你離婚沒有？

我的朋友三十八歲，未婚，收入不惡，屬於典型的單身貴族。

在一次閒聊中，他順口提到，他的一位朋友每隔一陣子與他連絡時，第一句話總是「你結婚沒有？」，他回答「還沒有。」，接著總是反問他朋友「你離婚沒有？」，而答覆也是「還沒有。」 接著才進入對話的主題。

我的朋友還特別強調，他們雙方的問答都非常自然、自在，絲毫不尷尬。簡直有點像以「天氣眞好」、「吃過飯沒有」，做爲對話開始的引言一般。

朋友所言，令我驚訝且沈重。因爲他們的答案在「沒有」之前，都加了一個「還」。

我無意草率的認定他們視婚姻爲兒戲。或許他們的自然、自在、坦然，是一種歷經刻骨銘心的愛情而無法結合，或是歷經爭吵打鬧而無法分手後的沈澱與淡然。可是我也不會輕易排除，不論當事人一時感受的有多強烈，仍然可能具有兒戲的成分。

我絕不認爲已過適婚年齡而未婚的男女，必然有若干不爲人知的性格缺點；我更無意否定離婚的正當性。將一對怨偶硬拘在一起彼此耗損、浪費生命，在我眼中簡直是極刑。

但我絕對相信，婚姻是滿足個人基本慾望和歸屬感的唯一形態。單身、離婚或同居並非完全不能滿足個人基本慾望和歸屬感，但絕不比婚姻來得周全、圓滿。

我的律師朋友很感慨的告訴我：「辦過太多離婚案子，讓我自己還眞的不太敢結婚。爲什麼現在的婚姻變得那麼難維持？」朋友的疑惑，令我沈思良久。

我想，凡事如果是全然「操之在我」，或是全然「成之於人」，都比較好辦。前者可以「盡其在我」，後者只要「仰人鼻息」。而婚姻卻是一半操之在我，一半成之於人，也就是你的配偶，如此就比較難辦。「盡其在我」之餘，還得「仰人鼻息」。「仰人鼻息」久了，總覺得受委曲，於是就不再「盡其在我」了。

新人上路，互相包涵

考取駕照才能開車，通過考試才能上學、就業。當你要選擇終身伴侶的時候，你卻只需要有想要結婚的念頭就可以了。不必經過實習與訓練，更不必通過考試，只需要一個像你一樣涉世未深的人配合就可以了。那個人就是你婚後的配偶。

從芸芸眾生中，挑出一個你並不透徹瞭解的人，痴心妄想和他共同生活一輩子。親友們稱讚你做了最佳的抉擇，紛紛將「天作之合、郎才女貌」這種古今鮮少發生，絕對不宜輕信的讚美加在你頭上。這種荒謬的事就叫做結婚。

新手上路，大家包涵。新人上路，需要互相包涵。包涵如果不夠，問題絕對不少。

結了婚的人早晚都會發現配偶實在不像婚前觀察，或是想像般完美，有時甚至會讓我們失望透頂。

當彼此了解、熟識之後，缺點畢露、新鮮頓失。一旦現實生活的粗糙與眞實帶來了些許的困擾與問題，就沒有人有耐心去面對、去解決。最簡單的方法就是拂袖而去，不帶走些許的傷感與依戀。

換人過看看

甚至還有專家學者鼓吹：「若是對兩人關係感到單調、呆滯，搬出去，不用感到內疚或罪過，因爲這種關係是無法維持久的。」。眞按照這種理論，夫妻兩人有了爭執，誰又會用心去解決呢？「算了吧，我才懶得操這個心，另外找一個不是更容易。」這種心態，往往使人放棄了執著與努力。

結果卻是，換了別人也沒有比較好，第二、第三次的婚姻仍然以悲劇收場。

不論對自己或是對配偶負責，婚姻都不是兒戲。不論在人生的過程中遭遇任何的衝擊，夫妻雙方必須堅守婚姻的神聖性和永久性，對婚姻的向心力一定要大於離心力，如此才是負責的婚姻。

天下沒有白吃的午餐，天下也沒有不勞而獲的婚姻。要找到長期的飯票或是飯館，就必須付出代價。你對飯票、飯館的檔次要求的高一點，你就必須付出多一點的代價，就像「一分錢、一分貨」的道理一樣。太太的菜燒得難以下嚥，太太的臉色不夠諂媚，那是因爲你的相對付出也不夠。

幸福婚姻沒有不勞而獲

要想深深被愛，就要深深的去愛，幸福婚姻是無法不勞而獲的。

節節升高的離婚率，顯示要維持婚姻關係到終老，已經不再是結婚理所當然的結果。原本買了全程票搭上婚姻列車的男女，半途就被趕下車的愈來愈多。

許多男女在拿到結婚證書時，皆以爲拿到了婚姻的保證，拿到了畢業證書。其實他們拿到的只是夫妻關係證明書，只是婚姻關係的入學許可證而已，能否從婚姻大學畢業，還在未定之天。

結婚若干年之後，離婚已經成爲愈來愈多男女所要面對或是選擇的問題。

會離婚的基本原因當然是雙方已經不再相愛。

不再相愛的原因大概可分爲：當初的相愛是一時瞎眼昏頭、當初可愛之處已蕩然無存、可愛之處在對方眼中已不再可愛甚至反而可憎、雙方沒有新的可愛之處產生四種。

總而言之，就是結婚若干年之後，雙方就不再相愛了，繼之，共同生活也成問題，只有離婚一途。

兩岸統一難，離婚更難

就連同居男女要和平分居不出惡言，都不太容易，離婚的難度就更高，簡直比兩岸要和平統一還難。

不論結婚三個月，一、兩年，或是五、六年，只要男女以婚姻形式生活在一起一段時間，雙方的生活、經濟、人際關係，很快的就會像種的太近的兩株樹的樹根一樣，盤根錯節的糾纏在一起。要分開，根本無從解結，只有一刀斬斷，讓兩株樹根都受傷慘重。雙方情緒低落、傷心落淚、身心俱乏、了無生趣，甚至企圖自殺。如果離婚男女有孩子，問題還更麻煩，大人自作自受倒是罪有應得，孩子卻是無辜受累。

維持一個婚姻或許辛苦，但結束一個婚姻往往更痛苦。流汗總比流淚、流血好。一個婚姻如果還存在，就有改善的可能，一個婚姻如果結束了，就沒有改善的機會了。

要避免離婚，首先要繼續相愛。只有繼續相愛，才能避免離婚。

這是我提出「結婚十年如何愛太太？」這個問題時，層次最低的目的。層次較高的目的當然是：繼續相愛才能繼續享受美好的愛情、提昇婚姻品質、營造快樂的家庭，最重要的是享受自己美好的人生。

你到底多久沒愛太太了？

由最最現實的立場出發，除非想要同床異夢般的與互不相愛的人過一輩子，否則就應該立刻重新拾回對太太的愛，而且要愛的更加濃烈。如此才可能有幸使太太重新或是更加濃烈的愛自己。唯有有人可以去愛，又有人愛自己的人，才會是幸福快樂的。

這裡所說的十年，只是一個概數。將婚後愛情可能褪色的時間，做最樂觀的推估。嚴格來說，愛太太是婚後無日可或忘的神聖責任，不論一天、兩天、三年、五載。之所以要強調十年，只是爲了給活在一陳不變的婚姻滯流中的男士們當頭棒喝：「你到底多久沒愛太太了？」

2

回憶熱戀

2 回憶熱戀

看到此處，或許你依然認為老夫老妻居家過日子有什麼愛不愛的；或許你已經有點動心，想要再愛太太；或許你正在想太太到底那裡可愛，但一時又想不起來……

沒關係，「回憶熱戀法」可為你打開心中塵封已久的對太太的愛。

回憶熱戀　冷灶熱燒

回憶熱戀就是要透過對婚前熱戀情態的回憶，提醒自己曾與太太有過如何的濃情蜜意、海誓山盟。也就是要以昨日的我感動今日的我，以少不更事的我感動世故圓滑的我，以昨日風風火火的激情燒旺今日的愛情冷灶。

即便當時是少不經事、慾令智昏，濃情密意不過是乾材烈火，海誓山盟不過是選舉支票。

想想你是不是曾對太太許下諾言，要一輩子為她做牛做馬，絕不干涉她買衣服、化妝品。想想你太太是不是也曾為你許下諾言，要一輩子為你為奴為婢，絕不干涉你抽煙、喝酒。雖然你們的承諾都相繼跳票。但你絕對相信在許下承諾的當時，你們都是十二萬分的誠意。就看在當年的那分誠意上，再給自己與太太一次相愛的機會又何妨。

如果能憑空回憶，當然是最好，也證明你對太太還沒有到槁木死灰的地步。

如果不幸憑空回憶已印象模糊，則可以採用睹物思情的辦法。如重回初識地點、初吻地點、約會地點，重聽熱戀時倆人一起聽的歌曲，重看熱戀時倆人同看的電影，重看熱戀時的合照，重讀熱戀時的情書，重啃熱戀時倆人一起啃的東山鴨頭、烤一串心（烤雞屁股）。

就算熱戀時的合照與情書，已經在上一次你與太太劇烈爭吵後撕碎或燒掉。熱戀時同聽的歌曲已經絕版，同看的電影錄影帶店又找不到。初識地點、初吻地點、約會地點總不會都變成捷運站吧。我更確定東山鴨頭、烤一串心台北市通化街夜市有賣。

請不要告訴我想不起來，沒什麼可以想的，想起來了又怎麼樣？只要你與尊夫人不是因父母之命、媒灼之言而結合的，你們之間或多或少都必然有過看似偉大，其實平凡的熱戀。

想想當初你花了多少心思、鼓了多少勇氣、說了多少由衷與不由衷的甜言蜜語，才牽到她的手，才吻到她的唇，才……才說服她嫁給你，也才說服自己娶她。

曾經擁有不如天長地久

就如同「閃亮的日子」那首歌，熱戀的日子不就是你們「曾經擁有閃亮的日子」嗎？　爲何閃亮的日子只能曾經擁有，閃亮的日子能天長地久不是更好嗎？

想想爲了讓她答應嫁給你，你花了多少時間，用了多少錢。這些人力、物力的投入如果算是投資的話，它的投資報酬期是一輩子的，簡直就是一張保單，一次繳費，終生保障。而你才享用了幾年的投資報酬，就讓投資報酬縮水，而且還想輕易拋棄繼續領取投資報酬的權利，不是太不合算了嗎？

想想當初你何以會在芸芸眾女生中，選擇追求她，必然有一定的理由。她必然有一些特質深深的吸引過你，那些特質迄今眞的就蕩然無存了嗎？是她結了婚就故意消除那些特質，還是你對那些特質已不

難道這些鍋碗瓢盆是「伴娘」？

再珍視且視而不見呢？

就算你追求過許多女生，她並非追求名單上的第一順位，只是別人都拒絕了你的追求。就衝著如此見不得人的理由，她也應該獲頒最佳同情心獎，如此有愛心的女性，不值得你愛一輩子嗎？

回憶情敵，險象環生

如果回憶熱戀之後，你仍然身心狀態如六時三十分（AM、PM都一樣）的時鐘指針。別緊張，還有救。做臉無效還可以拉皮，不宜輕易絕望。在此特別傳授回憶熱戀法中的最高絕招，也就是回憶情敵大法。

我對武俠小說不甚有概念，回憶情敵法的境界到底比回憶熱戀法高出多少，我難以用武功高下等級來形容。但如果以選舉來比擬，回憶熱戀法的效果等同於買票的話，回憶情敵法的效果就等同於做票。

「無外患者國恆亡」、「兔死狗烹、鳥盡弓藏」，在在都說明了敵人的重要性。婚後當然不可以故意為太太安排感情外洩的機會，回憶婚前的情敵是虛擬敵人，代替太太挾外援以自重的最佳方法。如果婚前情敵眾多，則選擇雙方感情最濃烈，或是比自己優秀許多者回憶。直到醋勁橫生，頭皮發麻，兩腳發軟，眼冒金星，冷汗直流為止。

小心情敵就在太太身邊

回憶情敵可以達到雙重效果。第一可以讓自己了解，太太是如此的得之不易，甚至差點就要拱手讓人。既然得之不易就該份外珍惜，絕不可得而復失。第二可以提醒自己，情敵可能是無時不在、無處不在的。

與匪諜臉上沒寫匪諜兩個字一樣，情敵臉上也沒寫情敵兩個字。英俊瀟灑者當然有情敵的嫌疑，相貌平庸的也不可掉以輕心。會不會叫的狗都有咬人的可能，黑貓白貓都有偷腥的可能。情敵不會因爲太太已婚而鳴金收兵，自己不愛太太就會給情敵趁虛而入的機會。

如果很不幸，回憶情敵並非出自你的自願，而是無意間發現你太太所珍藏的婚前的照片、情書（當然，照片與情書的對象都不是你），而被迫回憶的。請不要激動、不要憤怒。曾經存在的就是歷史，而歷史是永遠存在的。

你太太婚前的戀情不會因爲缺乏照片、情書的證明，就由她的生命中消失。請你感謝這些照片、情書的存在，因爲它們是你太太另一段戀情的見證，爲你證明太太曾經是有別人愛的。當然，未來也還有可能被別人愛。

不論回憶情敵或是回憶熱戀，都只是「結婚十年如何愛太太」的觸媒劑、導火線。這兩種辦法最爲速效但也最短效，適宜用於一旦覺醒而急欲重尋舊愛的階段。但當愛苗復萌後，就應採用其它辦法，如此方能可長可久，永浴愛河。光靠回憶情敵、回憶熱戀來愛太太，只是在吃老本，撐不了好久的。

3

重疊又獨立的個體

3重疊又獨立的個體

並非所有出現危機的婚姻關係，都是緣於雙方的不再相愛，或是一方的不再愛對方。雙方相愛的方式不得法，一樣會造成婚姻危機。

親愛的，我把雞湯變清水了

不論是「愛你在心口不開」，清湯寡水淡而無味，使對方感受不清捉摸不定；或是緊迫盯人，使對方轉不過身透不過氣；要不就是自以爲是，非要對方順從配合不可，打著「因爲我愛你」的招牌，行「所以你應該……」的專制獨裁，都是不得法的相愛方式。

在重拾或是加深對太太的愛之前，先要搞清楚什麼才該是夫妻之間的愛情。之前所說的回憶熱戀法，只是重拾或是加深對太太的愛的手段，並非目標，並非要求在婚後還要勉強回復已經完成階段性任務的婚前熱戀。

夫妻的愛與戀人的愛，絕對是不同的，也絕對要不同。就像不同的政黨執政，走上街頭的群眾絕對不是同一批人。

夫妻就像執政黨，戀人就像在野黨，由在野到執政會出問題，由戀人到夫妻會出問題，原因都是出在不知道當家主事的難處。

既重疊又獨立

在我所知的對婚姻男女也就是夫妻關係的比喻中，最恰當的莫過於「夫妻是兩個疊在一起的盤子，由正面看，只看到一個盤子，由側面看卻看到兩個盤子。」

這也就是說，夫妻的關係是既重疊又獨立的。沒有重疊的關係，無法組成婚姻家庭；沒有個體的獨立性，夫或妻就很難具備獨立的人格，缺乏爲婚姻、家庭與自己提供養分的能力。

如果將這個最恰當的比喻，用在婚姻生活的實際操作上，就可以發現婚姻生活其實就是「正面看」（重疊）與「側面看」（獨立）的不斷正確選擇，與角色替換。該「正面看」自己或配偶的時候，而錯誤選擇了「側面看」，或是該「側面看」自己或配偶的時候，而錯誤的選擇了「正面看」，問題就發生了。

爲了婚姻、家庭、太太、子女，做先生的必然要多所奉獻、犧牲、任勞任怨，這時就必須選擇「正面看」（重疊）。爲了自己的成長，爲了自己的獨立價值做先生的也必須爲自己活，取悅自己、充實自己、善待自己，這時就必須選擇「側面看」（獨立）。

一家兩制　雙重標準

那個男女在戀愛時不是「尊重對方、要求（甚至是美化到幾近於僞裝）自己」？爲何婚後卻紛紛「寬以律己、嚴以律人」起來？是不是反正生米已經煮成熟飯，就將對方吃定了，還是位子會決定腦子？

當你和太太生活在一起時，你是不是常常覺得被太太的一些習慣所干擾，卻會對自己的怪癖、懶散視而不見？

我們很容易忽略自己的懶散。好比說留下洗澡水四溢的地面，沾著肥皂泡的鏡子，滿地髒衣服的浴室，就翹起二郎腿在客廳看報，絲毫不以爲意。但當自己下班回家發現廚房洗碗槽內杯盤狼籍時，絕對會火冒三丈。

四下無人自己打開冰箱，很可能懶得再拿杯子，直接將牛奶瓶、果汁瓶往口裡倒。但如果看到太太有同樣的行爲，你一定會覺得噁心。

同樣的行爲，出現在自己身上，就習焉不察，出現在太太身上，絕對難逃自己的挑剔。我們永遠不會用同樣的尺度來要求自己與太太。這算那門子的愛？

尊重太太獨立　放棄大一統

任何男女在相識相愛之初，那一個不是獨立的個體？

試想，兩個來自不同家庭、不同成長環境、不同興趣、不同性格、不同觀念、不同生活習慣、不同科系、不同職業的人，可能會因結婚就放棄各自的獨立性格而呈現統一的面貌嗎？連中共收回香港都還要搞一國兩制，五十年不變。就算有一萬個不情願，鄧小平還准回歸後的香港人「馬照跑、舞照跳」，你有准你太太「街照逛、衣照買」嗎？

愛是發生在雙方都是獨立個體的時候，也只能繼續存在於雙方仍尊重對方是獨立個體的時候。

人的本性都是以自我爲中心，當想到夫妻必須要合而爲一時，都本能的想要改變對方來適應自己，而不是調整自己來適應對方。如果不是修憲比遵守憲法方便得多，我國怎麼會常常修憲。

你是不是常對太太說：「如果你愛我的話，你就會……所以按照我的意思去做。」或是「因爲我對你有多好，所以你也是必須對我一樣好。」或是「如果我不是想和你白頭到老的話，我才不會管你亂買衣服呢。」

事實上，我們應建立正確的觀念：在婚姻中調整（不是改變）自己，學著做個適合太太的先生。而非試圖改變太太，使她成爲合適你的人。

求人不如求己，要求對方絕對比要求自己來的困難。哪個做先生的，在社會上面對外人時，不是禮讓、遷就對方三分？回家面對太太時，卻往往選擇百分之百要求太太，一步不讓。當太太無法配合時，嫌隙就產生了。

夫妻是行共同生活的獨立個體，雖然都有爲維持共同生活而付出的義務，但是也都有追求獨立生存成長的權力（請別怪我一再叨念，念念才能不忘啊。）

選擇在什麼時候該「正面看」或是「側面看」的標準，其實就是「尊重對方、要求自己」，尊重太太是獨立的個體，要求自己爲婚姻家庭付出。

或許有人要問，如此一味反求諸己，會不會使自己失去獨立性呢？

答案是：不會。

人性基本上是「寬以律己、嚴以律人」，「尊重對方、要求自己」只是平衡人性的缺失而已。

調整自己　取悅太太　接受雙方差異

我們經常遺忘理想與現實之間必然存在差距。我們總是認爲夫妻之間彼此應該要一樣才算是美滿。爲了達到一樣，我們勉強改變對方，使對方合乎自己的心意，或是極力改變自己，使自己符合對方的要求。這兩種情形都是不可能達成的，我們因此就埋怨對方，懊悔自己。求全責備爲我們帶來的只是更多的困擾。

最健康的做法是，夫妻兩人彼此都能發現：若是稍微調整自己就可以使配偶快樂，爲了讓對方喜悅，我們不妨自然而然的調整自己。這種調整不僅不覺得痛苦，反而會引以爲樂，不僅能吸引人主動的去做，而且還樂此不疲。

比較健康的做法是，你發現稍微調整自己就可以使太太快樂，爲了讓太太喜悅，你應該自然而然的調整自己。

不健康的做法是，你在等待太太調整她自己。

調整自己幫太太洗碗，太太高興，對你自然會更體貼。太太幫你處理一些外務，你也會發現太太不僅賢慧而且能幹。千萬不要變成太太強迫先生洗碗，或是你勉強太太要獨立堅強。

婚姻中最大的考驗是夫妻兩個人有很多地方格格不入，又必須在一起過一輩子。婚姻中最大的痛苦就是這種適應的過程。同樣的，婚姻中最大的享受也就是這種適應的結果。

別造就女管家

沒有一位男士是以找女管家的心情談戀愛、找伴侶的。男士可能與女管家有戀情或是姦情，但不會娶女管家為太太。

我聽過一個眞實故事：一個太太將自己一生中最好的時光都給了她的先生，給了她先生可愛的兒女、一塵不染的家、一手好菜，但是她卻被她的先生遺棄了。原因是她先生碰到了比她有趣的女人，雖然那個女人不愛燒菜、不愛掃地、不愛燙衣服。所以千萬別把自己的太太變成女管家。

除非你居心不良，想把太太給甩了，否則就別讓她重蹈那位太太的覆轍。

許多婦女都認爲，做好家庭主婦，就是愛先生的最佳表現。許多的先生也認爲太太應該要做好家庭主婦，但許多先生並不會眞心實意的愛一個只是家庭主婦的女人一輩子。他們只是習慣性的依賴她們，卻不愛她們。因爲她們沒有自我、沒有特質、沒有獨立存在的價値。

以往的女性已經習慣於擔任男人的墊腳石。爲他們照理家務、燒飯煮菜、端茶倒水，並替他們生育子女，甚至是照顧父母（侍奉公婆）。

現代的女性則是資本主義工業社會的「啦啦隊」。不論丈夫何時回家，她們都必須從丈夫的臉上看出疲憊或是受挫的端倪，然後盡其所能的服侍他，讓他隔天早晨又能愉快的出門。

這兩種女性都是女管家型的，不同之處僅在於前者處於大家庭，後者處於小家庭。後者有家電代勞，前者是純手工。她們相同之處在於，都沒有自我、沒有特質、沒有獨立存在的價值，當她們的先生有外遇時，她們絕對是全世界最後一個知道的人。

愛她　就培養她獨立

除非你不但不愛你太太，而且還恨你太太，否則千萬別把太太造就成女管家，除了相夫教子柴米油鹽，一無所知。

如果你還愛你太太，把她當一個人來愛，就請你包容、鼓勵她的特質，尊重她做爲一個人的獨立存在價值、獨立存在意義。與你的事業大不大、與孩子的功課好不好都無關的，只屬於她個人的價值與意義。

講一句最難聽也最實際的話，女性的平均壽命較男性長，所以萬一先生先走了，太太還得情願或不情願的多活好幾年。不未雨綢繆及早培養獨立人格的太太，難不成自己走了，要她「夫死從子」嗎？饒了你的兒子、媳婦吧。

4

重新定義愛情

4 重新定義愛情

當我們感覺愛情褪色或是消失的時候，先不要沮喪。先讓我們想想我們褪色或是消失的愛情，到底是怎麼樣的愛情？

我們心中浮現出的愛情，必然是熱戀時的卿卿我我、濃情蜜意、輕憐蜜愛。

愛情不老，只是逐漸改變

「少年夫妻老來伴」的說法，雖然看似消極而無奈，其實是普遍存在於已經堪稱難得的偕老婚姻中。

愛情會隨著婚姻的開始、子女的出現、年齡的增長、身材的變形而改變。與其抱怨愛情褪色，不如在不同的階段，賦予愛情不同的定義。

婚前與婚後對於愛情的定義，絕對該要有所調整。不要期待金婚時還會出現蜜月期的濃情蜜意。問問自己在金婚時做伏地挺身的次數，是不是還能像蜜月期時一樣多。

我們先理性的分析一下，婚前愛情的產生型態與因素有那些。產生的型態應該不外乎一見鍾情、日久生情兩種。產生的因素不外乎外貌的吸引，舉止談吐的吸引，學歷、財力、能力、潛力、家世的綜合評比。這些因素在每一個實際的愛情案例上比重並不一致，有的是外貌多一點，有的是舉止談吐多一點，有的是綜合評比多一點。

日久生情看似比一見鍾情多一點慎重、多一分保障，其實可靠度差不多。交往八年的男女，一樣可以在婚後三個月離婚。戀愛關係與婚姻關係在本質上就是不同的，可以談戀愛並不代表可以結婚。

再細細分析這三種因素，其實都不見得禁得起時間的考驗。外貌會自然的老化，就算以不自然的方式美容整形，也一樣會看膩。舉止談吐的吸引力也會隨著時間而遞減。再好的電影看上五遍也該夠了。大學者的演講聽了十遍，結論可能是他不再偉大，或是已經習慣而不覺其偉大。

喜新厭舊　人之常情

如果人性能夠不喜新厭舊，資本主義社會早就解體了。新款車、新款衣服、新口味的飲料、新的電玩GAME的生存之道，就在於人性的喜新厭舊。

綜合評比有時也不可靠，學歷不見得永遠跟得上職場的需要、錯誤的投資會使累積的財富付諸東流、潛力也需要機運的配合、家世不見得能做一輩子的後盾。

國民黨都可能在野，還有什麼東西可以靠一輩子？

另外還有一個不可忽略之處。不論一見鍾情或是日久生情，在外貌的吸引上，都伴隨著一定程度的性的吸引力，而性的吸引力卻又是最禁不起時間考驗的。

「妻不如妾、妾不如偷、偷不如偷不著」。這句話十分醜陋，但十二分寫實。

婚前愛情產生的因素，都有其時間的侷限與不確定性，所以根本無法配合確定而且長時間的婚姻關係。

婚後愛情的變質與延續，要靠另一套因素。這些因素包括：照顧自己並對家庭付出的能力與意願，與配偶合諧相處的能力，自我成長與促進配合對方成長的能力，扮演稱職親職的能力。

如果這些因素都具備了，婚後的愛情沒有理由不存在。

盡責的太太最可愛

婚姻生活是硬碰硬的。錢要有人賺、家要有人理、子女要有人教。能照顧自己、關心家人、照顧小孩又不忘自我充實的太太，就是最適合婚姻生活的伴侶。這樣的太太已經值得十二萬分去愛了。

人不一定隨年齡而成長，但一定隨年齡而改變。自己變了，太太也變了，對愛情的定義也該變變了。如果你已不再是白馬王子，憑什麼你還要求太太依然是白雪公主？

很多女人都害怕美貌、好身材一旦消失，愛情也會隨之消失。這就是爲什麼美容、整型、減肥的生意那麼興隆的原因。

夫妻間眞正的愛情可以輕易的接納對方的不完美。當你眞正愛太太的時候，你會在乎在這個你已經看習慣的身體上出現了幾道皺紋，腰部肥了一圈嗎？皺紋與贅肉都不是一天冒出來的，是慢慢形成的。眞正的愛可以讓你對皺紋習焉不察，對贅肉視而不見。更何況你自己的臉上就沒有皺紋，腰間沒有贅肉嗎？

美國〈今日心理學〉雜誌曾經針對三百五十一對結婚十五年以上的夫婦做調查（其中三百對自認婚姻幸福），得到了意想不到的結果。

當被詢及維繫婚姻的因素時，男女雙方最常舉出的兩項原因是：「他（她）是我最好的朋友」，及「我喜歡配偶的爲人」。其他的前十名原因還包括「配偶變得愈來愈有趣」及「我們一起歡笑」。出人意料之外，「性生活協調」竟是男人的第十二及女人的第十四個原因。

性是吸引男女兩人在一起很重要的因素，但是要長期維持浪漫親密的夫妻關係，必須要靠喜歡彼此的友誼。

婚前聽其言　婚後觀其行

既然婚前與婚後的愛情是不同的，對於不同的愛情也應該要有不同的感受方式。

要了解情人愛不愛你，可以只聽其言，也只能聽其言。要了解太太愛不愛你，卻只要觀其行，儘量不要聽其言。

戀愛階段的男女，口口聲聲願為對方赴湯蹈火萬死不辭，其實是口惠而實不至。除了耍嘴皮子，對對方毫無實質貢獻。戀愛男女只要說話天花亂墜，不論自己與對方是否全都不信，也無所謂。

因為，戀愛是人的一生中，幻想能被全然滿足的難得機會。

婚後對太太則不宜聽其言，只宜觀其行。聽太太說柴米油鹽、漲價、打折、孩子、菲傭，你會有恩愛的感覺嗎？聽太太說刻薄的上司、懶惰的屬下、難纏的客戶，你會有浪漫的感覺嗎？

更別說太太還跟在你後面嘮叨沒完，「襪子如果是要洗的，請放進洗衣籃。」、「拜託喝完的杯子順手洗掉好嗎？」、「下次晚回家可不可以先打個電話？」……諸如此類，不一而足。

你這才發現，位子不僅會決定腦子，還會決定嘴。

婚後的太太，雖然沒有甜言蜜語，家事可沒少做。就算是職業婦女，也依然相夫教子，不遺餘力。雖然不免抱怨，仍然不改其志。

只要看太太為家庭所做的一切貢獻，就足以確定太太是愛你的。只要確定太太是愛你的，又何必在意太太言語不夠溫柔體貼，甚至是嘮叨呱噪。

5

獨一無二

5 獨一無二

你相信自己在太太眼中是完美無缺的嗎？如果你不相信，就請接受太太在你眼中也不是完美無缺的事實。

人沒有十全十美的，但都是獨一無二的。與其不切實際的要求太太或自己是十全十美的，不如轉而去欣賞太太與自己都是獨一無二的。

獨一無二法，不但可以用於愛太太，也可以用於愛自己。

太太是自己的好

當天下的先生都認爲「太太是別人的好，兒子是自己的好」的時候，就意味自己的太太絕不比別人的太太差，而自己的兒子也絕不比別人的兒子好。

走在街上，看到身材高佻、曲線玲瓏、長髮飄逸女郎的背影，千萬忍著別走到前面去看她的臉。因爲忍不住看了臉之後，失望的比率絕不低於百分之九十。

天下沒有一位女性能集魔鬼身材、天使面孔、綿羊性格於一身。就算有，她看得上你的機率一定很低，就算走運娶到手也維持不了好久。地心引力、歲月侵蝕、茶米油鹽，會使身材走樣、面孔改觀、性格丕變。

就像沒有一位男性能集身材健美、英俊瀟灑、學識淵博、幽默風趣、富而多金、權力傲人於一身。就算有，他娶了妳，搞不好婚後照三餐打。

所有的童話故事都只寫到王子與公主結婚就打住了，以「王子與公主從此就過著幸福快樂的日子」欺騙世人，而不敢寫王子與公主婚後到底是如何的幸福快樂。因爲再寫下去絕對是瑣碎、拉雜、疲憊不堪。王子公主尚且如此，凡人可想而知。

獨一無二的登對組合

想想自己，看看太太，其實蠻登對的，或許自己還有點高攀呢？何不換個角度看，自己與太太都是獨一無二的。自己與太太的長相、才學、個性的組合，在芸芸眾生中，絕對是獨一無二的。

正因爲這種獨一無二，才能互相吸引而結合，否則何以你非她不娶，她又非你不嫁呢？持續肯定這種獨一無二，雙方才能繼續的結合。

正因爲太太不是十全十美，而是獨一無二的，所以你必須要以獨一無二的眼光去看待太太。

沒有一位選美大會的評審委員，敢用選美的標準，評斷自己的太太，否則評審委員只有單身一途。也沒有評審委員敢用自己太太的標準來評審選美，用自己的太太做標準，原本要選的是中國小姐，選出來的卻是中國媽媽。

看不同的女人，就該用不同的眼光。

不完美又如何

太太美麗的地方叫美麗，不美麗的地方叫可愛，不美麗也不可愛的地方叫特質。在太太身上，不存在不美、不可愛，只存在美麗、可愛、特質。

你對這點要百分之百確信，更要讓你太太百分之百確信「你是百分之百確信這點」的。雙方的確信都要是百分之百，缺一不可。

太太如果有著烏黑亮麗的披肩長髮，就要懂得好好去欣賞，儘量在內心誇大她秀髮的美感。特別是當你看到別的女人頭髮枯黃、沒有光澤、分叉甚至有頭皮屑時，更要想想太太的秀髮。

如果太太沒有雙眼皮，你就要調整自己的審美觀。太大的雙眼皮也不見得美，而且還容易在外面亂放電，風大了還容易進砂子。單眼皮一樣可以和你傳情意。再說，翻臉吵架瞪眼時，雙眼皮可比單眼皮更嚇人。

如果你太太有富貴手，摸起來感覺像菜瓜布，那又怎麼樣？起碼證明了不是她不想洗碗，而是不能洗碗，不能碰水，如此你洗起碗來不是更甘心情願嗎？太太的手握起來不舒服，那走在一起就不要牽手，改爲你摟她肩，她摟你腰，感覺不是更恩愛甜蜜嗎？至於富貴手會不會影響愛撫的感覺，據想像，應該會，但誰又規定愛撫只能用手呢？

人不富貴起碼手富貴

你未必能提供你太太大富大貴的生活，但起碼在手上，她已經富貴起來了。

你的太太可能脾氣很好，但是不是也有點優柔寡斷呢？你的太太可能獨立自主，但是不是有點獨斷獨行呢？你的太太可能對你照顧得無微不至，但對你的監視是不是也是緊迫盯人呢？

你的太太的確不是十全十美，但是又如何呢？

希臘哲人蘇格拉底說過：「一定要婚姻；如果你娶了一位賢妻，將一生幸福；如果娶了一位惡妻，你就會成爲一位哲學家。」你的太太絕對比蘇格拉底的太太來得和藹可親，你要成爲哲學家還不容易呢。沒什麼好抱怨的。

回過頭來看看你自己，可能有禿頭、白髮、啤酒肚、雙下巴、O型腿、抬頭紋等六項缺點中的一項，或是好

幾項。你可能抽煙、喝酒，喜歡應酬。你可能平日溫文儒雅，一開車就原形畢露，又超車、又按喇叭，還罵髒話。

你可能個性忠厚木訥，是奉公守法的公務員，薪水原封不動拿回家，是大家眼中的好丈夫、好爸爸，但是你可能毫無生活情趣，可能睡覺鼾聲如雷或是磨牙震天價響。

你自己的確不是十全十美，但是又如何呢？太太還不是嫁給你了，也還沒提出離婚的要求。

獨一無二的緣份

說到「緣份」，或許很多人都認為那是神話、迷信、傳說，是老掉牙的東西，配不上你的大哥大、NOTEBOOK。但如果你會忍不住上網看星座、血型、紫微斗數，那就表示你對神話、迷信、傳說沒什麼免疫力。如此，不妨來看看「緣份」吧。

我愈來愈覺得一男一女會結婚，之間還真的有緣份，而且還是很濃的緣份。否則何以其他和你談戀愛的對象，不能和你結婚，唯獨你太太能呢？她們都比你太太差？未必。都比你太太好？只怕更未必。

其他的女人不但不能和你結婚，甚至分手之後就再也沒見過了。這就叫「緣慳一面」。沒有緣份的人想要見上一面，都是奢侈的，都是多餘。

仔細想想，你是不是有這樣的經驗：在新加坡樟宜機場會碰到小學同學，在九龍尖沙嘴彌敦道會碰到和你一樣休假的同事，在巴黎羅浮宮會碰到成功嶺睡你上舖的，可你就是碰不到你的初戀情人，儘管你確定她和你一樣都在台北市。這是因爲你們的緣份已盡，見面也沒有意義，所以就見不到了。

因爲緣份，你和你的太太結婚了。緣份促成了你們這對獨一無二的組合。你們現在還是夫妻，足見你們的緣份尚未盡，請好好珍惜你們這對獨一無二的組合吧。

十年前她就是這樣了，全都是緣份啦！

6

體諒、幫助

6 體諒、幫助

婚姻生活與戀愛生活是截然不同的。戀愛是想像力遨翔的天空，婚姻是執行力耕耘的土壤。

在想像的天空中，任何的閃電、流星、彩霞都是驚喜。在耕耘的土壤上，講究的是整齊的行距、細密的翻挖。耕耘的土壤上，需要的是可以期待的四季轉換，不需要不可預期的疾風遽雨。

耕耘婚姻的土壤，靠的是體諒與幫助。

以體諒拉近期待的差距

傳統的社會價值觀，要求男性承擔的婚姻責任是：「努力工作，找個好差事，以便能夠供養一家大小。」。

而許多現代的家庭，不再（也不能再。高昂的都市生活消費，單薪家庭簡直就是中低收入戶）以男性的收入爲唯一經濟來源，太太在學習分擔賺錢責任的同時，自然也希望先生也能夠學習分擔家事，共同促進和樂的家庭氣氛。

可惜的是，我們的家庭、學校、社會教育，並沒有使男性在成長過程中，能夠體會到這樣的轉變。許多現代的男性仍然帶著傳統的社會價值觀，走入婚姻、走入家庭，婚後自然難以調適這種角色的轉變。

基本上，男性與女性對於婚姻的期待並不一致。

許多先生認爲，結婚之後應該要獲得太太的妥善照顧，以便自己全力在工作上衝刺。許多太太則認爲，婚後正是先生該實現婚前承諾的時候，這下了可以好好享受被人照顧、保護、輕憐蜜愛的滋味了。

有些先生期待回家之後，可以翹著二郎腿看電視等開飯；有些人則以爲有了女主人，就可以在家裡炫耀交際，大宴賓客了。太太們往往以爲，婚後倆人可以在家靜享甜蜜的晚餐，安渡一個溫馨的週末，不必再花錢上館子。那料到她們還要在家擔任跑堂，伺候先生的朋友和同事。

這種對於婚姻期待的差距，就需要靠體諒來拉近。期待的差距愈大，需要的體諒就愈多。

內鬥內行　親痛仇快

許多夫妻的相處之道，其實很像某些政黨——「內鬥內行，外鬥外行」。許多夫妻各自在對待外人時都彬彬有禮，謹守吃虧就是佔便宜的哲學。回到家關起門來卻是互相刻薄、輕賤。結果造成親痛仇快，愈是自己人卻愈倒霉。

說好聽點，因爲雙方都認爲：既然是夫妻就應該互相包容，不便往外倒的垃圾，就往對方身上倒。「肥水不落外人田」倒成了「水肥不落外人田」。

說難聽點，就是吃定對方，反正已經結婚了，「看你往那兒跑」，跑不掉就活該受罪。

這就是許多夫妻個別看起來都很善良，聚在一起卻是怨偶的原因。

不難發現在自己的周遭，就存在許多這樣的夫和妻。先生對太太頤指氣使、不假辭色，甚至是刻薄挑剔的程度，遠超過對待家裡的菲傭。太太對先生的指責、嫌惡、輕視、瞧不起的程度，遠超過對待自己品學兼劣、冥頑不靈的孩子。

夫妻相賤　人不如狗

在有的家庭，夫或妻的個別地位，不但不如菲傭與小孩，甚至連狗都不如。太太對什麼家事都不做，毫無生產力，對家庭毫無貢獻卻會製造髒亂的狗（就算訓練良好，不會在家中排洩，總會掉毛吧），輕憐蜜愛。不但自己捨不得打罵，家中其他成員如果膽敢打罵她的狗寶貝，反而會被她打罵。對勞苦功高的先生，卻是橫挑鼻子豎挑眼。

有的先生則是將照顧狗的責任完全交給太太，自己不過高興時

逗兩下、餵兩口。不論狗毛打結了，還是有體味，就是會對太太興師問罪。溜狗是太太的事，萬一狗走丟了，太太也不用回來了。

這種夫、妻不如外人，不如寵物的情況，其實並不少見。這種荒唐至極的現象，大家卻習以為常。

嘮叨不是天生的

另外一種情況是，夫妻之間雖然未到親痛仇快、人不如狗的悲慘境地，但是夫妻中的一方嘮叨不已，令另一方不勝其擾，而嘮叨的一方通常是太太。因為對家庭付出愈多的人，愈見不得別人不對家庭付出，當別人不付出時，就只有嘮叨了。

嘮叨的太太絕對令人生厭。但太太的嘮叨並不是天生的，你追她時她肯定不嘮叨吧？會存在的現象必然有其理由，會有嘮叨的太太，必然有不聽教誨的先生。

而我所謂的「嘮叨」，就是一句話不止說一遍。如果太太第一次說這句話時，先生就做出立即明確的回應，太太極可能就不會再說第二次了。太太之所以會不厭其煩的唸唸不忘，就是因為先生在她說第一次的時候，沒有做出立即明確的回應。不是假裝沒聽到，就是支吾其詞搪塞一陣，要不就是陽奉陰違，過兩天故態復萌。先生抱持這種態度，太太不嘮叨又能如何？

夫妻要共同生活，必然會對對方有所要求。先生如果認為太太的要求是合理可行，當然應該從善如流。先生如果認為太太的要求不合理或不可行，也應該立刻說明原因、理由，尋求太太的理解，而不是敷衍了事，得過且過。以自己的苟且，培養太太的嘮叨，再回過頭去指責太太的嘮叨，這種先生實在是居心不良。

不論婚姻關係再惡劣的夫妻，雙方在外面都不太可能一個朋友都沒有。事實上，愈是婚姻關係惡劣，在外面反而會有很好的朋友，否則何處去吐苦水。無處可以吐苦水，人早就自殺或是發瘋了。

相處以禮　相敬如賓

這也就是說，婚姻關係惡劣的夫妻雙方，並不是必然缺乏與人和諧相處的能力，而是只把這個能力用在外人身上。如果將與朋友和諧相處能力的一丁點，用於與配偶相處上，相信怨偶應會大量減少。

朋友間能夠和諧相處，不外彼此都能待之以禮貌，己所不欲勿施於人，設身處地爲對方著想。這種相處之道不正是每天在一起鼻子碰眼睛的夫妻所最需要的嗎？

夫妻間以朋友之道相處，固然和諧有餘，但友情與愛情是不同的，夫妻間不可能百分之百以朋友之道相處。就算夫妻之間目前愛情已所剩無幾，畢竟他們曾經有過愛情。友情可以提昇爲愛情，但由愛情降格爲友情往往是不可得的。

一對分手的戀人或是夫妻，對外宣稱「我們現在是很好的朋友」，很可能只是場面話，只是「君子絕交不出惡言」的同義詞。

雖然要求夫妻百分之百以朋友之道相處是不切實際的，但是朋友間相處的體諒、幫助，卻是夫妻間相處所必需的。非但必需，而且還要更進一步。

朋友之道，彼此應互相體諒、幫助。夫妻之道，應該要只體諒、幫助對方，而不指望對方也能體諒、幫助自己。對方如果有一丁點的體諒、幫助自己，不但要心存千萬感激，而且要將其感激之情擴大延長。對方經常性的不體諒、幫助自己，也絕不要介意，而要視爲理所當然。

完全付出　不求回報

這種說法，看似高度阿Q，其實完全合乎人性。正因爲人性是貴遠賤近，遠來的和尚會唸經，愈是身邊的人愈不值錢；人性是喜新厭舊，能相看兩不厭的只有敬亭山，而不是先生與太太。太太不體諒、幫助自己是理所當然，太太能體諒、幫助自己，則絕對要視爲變態而不是常態，既要感激涕零，更不能期待太太持之以恆。

期待，是親密關係的阻礙。你不能總是期待太太如你想像般的一樣理想，完全合乎你的心意。如果太太沒有合你的期待，沒有如你的意，你就生氣、懊惱，這是多麼幼稚荒唐。沒有一個人活著是來討你歡喜的，你活著也不是爲了要討誰歡喜。

太太記得你的生日，你就歡欣雀躍；忘了你的生日，你就垂頭喪氣，有如世界末日。阿扁說：「有這麼嚴重嗎？」用在這裡，就很合適。

如果太太忘了你的生日，學著灑脫一點兒。「她竟然忘了我的生日，眞是的。好吧，那我就給自己買件禮物，還可以選到自己眞正想要的東西呢。」

不要等待太太來發掘你的感受，了解你的情緒，沒有人有義務當你肚子裡的蛔蟲。你不表達，太太如何能猜到。不善於表達自己的感受，不能直接、坦然的表現自我的感情，正是破壞夫妻親密關係的因素。偶爾玩玩猜謎、捉迷藏或許是小夫妻的情趣，天天玩可是會把人逼瘋的。

太太在遇到困難的時候，千萬不要責怪她，尤其是當她犯了責任明確的錯誤時。不但不要責怪，反而要強烈的支持太太，安慰太太，幫助太太，與太太同甘共苦，一鼻孔出氣。

好比說太太逛街買衣服，皮包被扒了，她自己已經懊惱不已，你就不要再責備她爲何不小心了，而是應該安慰她，幫助她儘快脫離不愉快的情緒。小偷不會因爲太太被你罵了，就心疼你太太將皮包送回來，太太卻可能惱羞成怒，和你大吵一架。到時候，你在太太心中，可能比小偷還更可恨。

7

讚美、欣賞

7讚美、欣賞

除了體諒、幫助之外，最能促進愛妻之情的（當然也能同時促進妻子愛你之情），莫過於讚美、欣賞。

千萬不要小看口惠而實不至的讚美，夫妻之間的讚美，口惠久了實就至了。不像政客對人民的讚美，才眞是口惠而實不至。你總統頭家當了這麼久，可撈到半點好處沒有？也不要小看欣賞的威力，以欣賞的角度看太太的一切，太太的一切都會被你美化。久而久之，太太被你的「美化」眼神所感化，還眞的會愈來愈美呢。

親愛 親愛 又親又愛

讚美可以分具體與不具體兩種。不具體的讚美，就是以「親愛的」取代「太太」、「名字」（包括小名），以及等而下之的「老婆」、「孩子的媽」來稱呼太太（我有一個怪癖，我絕不在外人面前稱自己的太太爲老婆，更不會稱別人的太太爲「你老婆」，也很不喜歡別人稱我的太太爲「你老婆」。我視「老婆」這樣的稱呼爲賤稱，不適宜加諸在那些高貴聖潔的女性身上所以自己不用，也不喜歡別人用。）

當然我也知道「親愛的」一詞有取自英語DEAR的嫌疑，但我覺得「親愛的」也頗有中國味，「親愛精誠」不就是黃埔軍校的校訓嗎？其他英語的

HONEY、SWEET HEART，皆不如親愛的，前者的意思是「蜜糖」、後者是「甜心」，吃多了容易胖，聽多了也嫌膩。

語言肯定是很有魔力的，「親愛的」叫久了，夫妻雙方都會覺得對方變得比較可親可愛，自己好像該對對方輕憐蜜愛一點才對。老婆叫久了，只會夫妻雙方都覺得太太既老又婆婆媽媽，先生覺得太太眞像個老媽子，太太則覺得該多買點衣服，多做幾次臉。

讚美之下必有進步

具體的讚美是稱讚對方的外觀與表現，好比說身材好、長的漂亮、脾氣好、修養好、茶泡的好、菜燒的好、錢賺的多。如此讚美，太太聽了必然高興。太太的高興自然是自己的幸福。或許太太還會因此努力健美身材、維護臉蛋、克制脾氣、提昇修養、精心泡茶、換著花樣燒菜、多多賺錢。如此一來做先生的豈不是賞心悅目，茶來伸手飯來張口，輕輕鬆鬆做家翁嗎？

美國有位教育工作者Ellis Page曾做了一項有趣的調查，他將學生分成A、B、C三組。在A組中，他不論學生的報告有多好或多差，只打下甲、乙、丙等級差別的分數。在B組中，他除了甲、乙、丙等級外，又加上「好」、「很好」、「非常好」的評語。在C組中，他改變方式，除了「你的文法令人難以相信，你的拼音像某大文豪」外，又寫著「你的見解棒極了，好好把握」、「哇，我等不及看你的下篇報告繼續努力」、「謝謝你不斷在我腦中注入新血」……

咦？你以前不是說我肉肉的很可愛？

結果，A組未變，B組沒有改變太多，C組則不斷在進步。

讚美對學生管用，對太太也管用，對你自己也管用。

對　正確　完全正確

記得婚後不久，和另一對朋友夫妻，一起去北投洗溫泉。那是日本式的溫泉旅社，套房的房間浴室內就有溫泉，比大眾池來得方便且隱密。兩對夫妻分擔租房費，比較符合年輕夫妻的經濟能力。還記得是我與太太先洗，洗完了朋友夫妻再洗，並未有什麼傷風敗俗的行為。

我朋友的太太為人豪爽、不拘小節，邊洗邊與她先生說話。洗澡必有水聲，談話聲要壓過水聲，則音量必須放大。大到在外間的我和我太太聽到為止，並非我們故意聽他們的「竊竊私語」。她一直說了半個多小時，而她先生翻來覆去只用了三句話做回應：「對」、「正確」、「完全正確」。

這麼簡單的七個字，就可以讓太太興高采烈滔滔不絕的說上大半小時，可見讚美的功用實在太神奇了。附和太太的眞知灼見，實在是人生一大樂事。

認眞的女人最美麗

如果太太的收入超過自己，你應該慶幸你們家財富累積的速度變快了，可能跟得上通貨膨脹。請不要讓自己的自卑感作祟，處處故意給太太難堪。

如果太太的工作能力被肯定，職位被升遷，不是正好證明了你當初擇偶的獨具慧眼。又何必強求太太為了消除你的不平衡感而降格以求。

如果你太太是精明幹練的家庭主婦，一把菜刀舞得滴水不進，一支拖把舞得虎虎生風。那你更該好好的欣賞她。欣賞她化腐朽為神奇的能耐，化平凡為偉大的功力。家庭主婦的成就，只有先生與孩子有機會欣賞，你不欣賞，孩子不懂得欣賞，太太的戲如何唱得下去？

說句眞話，如果你連自己太太的成就都不能接受、欣賞且引以為榮的話，也實在太不成熟、不長進了。

想要與太太並駕齊驅或是超前太太半步的辦法，不是把太太往後扯，而是急起直追趕上太太。

每當我看到我太太專心盯著電視上股票行情表，或是神情嚴肅的打電腦，或是條理分明的向我敘述她看過的一本書，或是言之有物的批判政治時，我都為她傾倒不已。雖然在那些時候，她臉上並沒有如花的笑容，但是她的投入、專注所表現出的智慧，才眞令人心儀。

我們年紀已經不小了，該培養欣賞成熟女性的能力。不要還像毛頭小夥子，只會騙小女生。老牛吃嫩草的景像，仔細想想其實蠻噁心的。

8

學習成長

8 學習成長

古時的棄婦往往以「色衰愛弛」爲理由而自哀自怨，其實「色衰」絕不是「愛弛」的唯一原因。如果承認「色衰」是「愛弛」的唯一原因，其實有點錯怪棄婦之夫，也有點寬容棄婦。

色衰未必愛弛　貌美終不可恃

楊貴妃成功的獲得唐明皇的集中寵愛。在她死後，擁有三千後宮佳麗的唐明皇鬱鬱寡歡，對她的思念無日或減。她所依靠的絕不只是傾國傾城之姿。

楊貴妃通音律又善舞，「霓裳羽衣曲」即代表作。楊貴妃又善妒，一發現唐明皇感情外洩，立刻生嗔，將正當但不可能發生在帝王家的從一而終的愛情標準，強加在唐明皇身上，徹底顛覆了唐明皇傳統的帝王愛情觀。她強烈的人格特質，贏得唐明皇的認同，也打敗了只知曲意承歡的梅妃。

要維繫婚姻與愛情，所需具備的條件是多方面的。否則何以年輕貌美的影歌星一樣離婚，巨富豪門也一樣婚變。對楊貴妃而言，容貌只是敲門磚，門敲開了，通往地獄或是天堂還未可知。楊貴妃的多才多藝，心思手腕，才是三千寵愛在一身的本錢。另一個美女王昭君，心高氣傲，得罪了毛延壽，只落得垂淚和番的下場。

學習成長　補充吸引力

我並非鼓勵天下女性學習楊貴妃，只是要提醒尊貴的女子們：貌美不可恃，貌不美亦不可悲。就算做臉拉皮，也還是只在那張臉上做文章。殊不知天天魚翅燕窩與天天青菜豆腐一樣反胃，不論美醜，日子一久，一樣吸引力遞減。

唯有不斷的學習成長，才能不斷補充吸引力。男性與女性都是如此，已婚的男性、女性更需如此。

爲了爭取職務、獲得升遷，許多人都毫不遲疑的接受學習，接受再教育。好比說上班到傍晚六點，嘴裡塞個麵包趕去上七點的企管班，晚上十點半才進家門，明天一早八點不到又得出門。如此辛苦並不以爲意，也視爲理所當然。

其實，爲了維護婚姻、灌溉愛情，一樣也需要學習成長，只是將這種學習成長視爲理所當然的夫妻並不多，這或許就是天下怨偶不少的原因吧。

夫妻之間之所以會因爲相處日久而生膩、生厭、生煩，這是因爲對方不再覺得你新鮮有趣，只覺得你枯躁乏味，或是冥頑不靈。

婚姻梅雨季

並非先生走私出軌外遇，太太一哭二鬧三上吊的婚姻才是不幸福的婚姻。夫妻兩人愛的「沒話說」，時時刻刻無聲勝有聲，形同兩個陌生人在家中穿梭而不碰觸，一樣也是不幸福的婚姻。

我覺得後者的婚姻感覺很像「梅雨季」，雨說大不大，說小不小，就是不停；氣溫不高不低，理應舒爽怡人，但配上高濕度，卻令人黏膩不快。要說

這就是你說的改變？

「三上吊」式的婚姻令人望而生畏，「梅雨季」式的婚姻更令人不寒而慄。夫妻每天出現在彼此面前的時間，雖然比「7—11」的營業時間短，但一天起碼十二小時，一年三百六十五天。若兩人均是一成不變，而配偶又不嫌膩的話，要不是不正常，就是雙方已經傷心失望到視而不見的程度。

等因奉此 婚姻公務員

讓太太感受到我們的學習成長，是做先生責無旁貸的義務與責任。先生的學習成長可以是智識性的，也可以是感受性或是人格性的。總之，是要讓太太感受到與我們相處是新鮮有趣的，而不是枯燥乏味的。

很多先生在結婚之後就以爲只要自己循規蹈矩，沒有什麼可以責備的地方，太太就理所當然的該像以前一樣愛我。殊不知沒有做壞事並不等於做了好事，只有苦勞並不代表一定有功勞。人性是喜新厭舊的，每個人總希望生活能充滿樂趣，而不是一成不變的例行公事。

先生把丈夫的職務當公務員，把家庭當公家機關，把與家人相處當公事公辦，太太只好把自己當選民，用選票唾棄執政黨。

爲愛而學

爲了婚姻愛情而展開的學習，沒有一定的主題。或許是一些對人生很重要，但非立刻派上用場，也不能用來賺錢的知識，像文學、哲學、藝術、心理學、歷史；或許是一些興趣嗜好品味，像是音樂、品茗、逛美術館、運動、登山。

這樣的學習，沒有考試、證書、成績單。短期看，學了和沒學差不多。但日子一久，成果就展現了。自己的興趣更多元、言談更有內容、見識更豐富、品味更高雅、身體更健康。

不要認爲自己沒少看報紙、雜誌、電視新聞，就算是在學習，就必然會有成長。新聞所提供的是資訊，也就是消息，不是知識，知識的來源是書籍。資訊不等於知識，就像聰明不等於智慧是一樣的。

知識不等於智慧　娛樂不等於興趣

也不要認爲自己的歌喉不錯，會唱的歌也不少，就算是有了興趣嗜好。不論上KTV唱歌或是在家唱卡拉OK，都不是興趣，那只是娛樂而已。

要讓學習成爲常態，請想辦法爲自己與太太安置一個書房。如果實在房間不夠多，就將和式房或是客廳的一角，改成閱讀區。再與太太約訂共同閱讀的時間，例如每晚或每隔一晚孩子睡著之後的一個小時。每個月與太太逛一次書店或圖書館。

試試看，不用好久，你就會發現閱讀區簡直就是你與太太的沙漠綠洲，那短短的一小時用「春宵一刻値千金」來估價也不爲過。你與太太都會感覺，一天二十四小時中，起碼有一小時是在爲自己活的。不是爲先生、太太、孩子、老闆。

與太太一起學習，彼此研究討論固然可以腦力激盪，各學各的再互相發表更可以節省學習時間。找一、兩對志同道合的夫妻組個讀書會也是很好的學習方式，彼此互相觀摩，才不容易懈怠。

太太沒空學或是不想學，也無妨。起碼兩個人裡已經有一個人開始在學習了，先生的學習才能使太太對自己重新產生新鮮感，學習後的先生也才能以新鮮的視野觀察太太，如此一來自己對太太也有新鮮感了。

學習成長　舊瓶裝新酒

兩個朝夕相處數年，互相瞭若指掌，話題又總離不開日常雜事的人，能互相產生新鮮感，就是愛情再出發的好基礎。

透過學習與成長，你不斷在脫胎換骨。瓶子是舊的，但裡面酒的滋味已經不同了，請太太喝口吧。

汪汪可惡…被你搶了我的學習機會！

9

分工合作

9 分工合作

一個有事業企圖心的女性（許多人都喜歡用「野心」，來形容熱愛工作的女性。而我覺得，全台灣有事業「野心」的女性，好像只有一位。連郝柏村都不敢說自己有野心，只說自己有旺盛的企圖心，所以我決定用企圖心取代野心來形容熱愛工作的女性），一定需要丈夫的全力支持。

同樣的，一個工作時間不固定的丈夫，也需要妻子的加倍配合才行。

每一個成功的女人，背後都有一個偉大的男人

如果我們相信：「每個成功的男人，背後都有一個偉大的女人」。爲什麼我們不能接受「每一個成功的女人，背後都有一個偉大的男人」的說法呢？是不是沒有男性願意屈從在成功女性的背後？還是整個社會根本不認爲成功女性背後的男性，會是偉大的？

名男人的女人（有沒有婚姻關係不重要，只要有性關係），以名男人爲榮。名女人的男人，就算不至於以名女人爲恥，要他以名女人爲榮，多少總有點兒不自在吧（除了沒有婚姻關係而有性關係的）。

男人總是習慣在外人面前吹噓自己小孩的優異表現，卻絕口不提自己太太的功成名就。儘管他和他孩子加起來乘以一百，也沒有他太太優秀。甚少會有先生了解，孩子優異是青出於藍，太太傑出則表示你有成人之美，一樣是與有榮

焉。

太太也要賢內助

男人都希望有個「賢內助」，將家裡料理的妥妥貼貼，自己每天下班回家只要像打勝仗的將軍接受賢內助的歡呼，或是像打敗仗的將軍接受賢內助的安慰與慰安就可以了。

那麼女人是不是也希望有個「賢內助」，使自己無後顧之憂呢？

下班回家不用打掃、洗衣、燒菜，只要飯來張口。連子女的生活、功課也有人負責打理。這並不完全是奢望，不是有許多太太的媽媽、婆婆都在擔任「賢內助」嗎？房子買在婆家、娘家附近，圖的不就是這不要錢的老媽子嗎？由先生擔任「賢內助」的，就比較少見了。

我們先分析一下何謂「賢內助」？「助」者，協助、幫助。「內」者，主內、對內、安內。「賢」者，任勞、任怨、任譭、任謗，當然也還不至於任打任罵。正因爲「賢內助」的涵義實在太博大精深，實在不是胸有大志的男性所能勝任。

其實許多女人並不奢望先生能成爲賢內助，她們早就自動的降格以求。如果先生不願意在後面全力支援，也沒有關係。只要不壓抑太太的企圖心，不打擊太太的自信心，不心虛自己的能力，不嫉妒太太的成就，不排斥太太的光芒，不懷疑太太的行蹤，不扯太太的後腿，不潑太太的冷水，就很滿足了。

太太要求的不多

如果先生還能在精神上支持鼓勵，對太太的成就給予肯定，就算沒有實質的幫助，已經是萬幸了。太太的要求，大多是很謙卑的。

以台灣目前都會區的小家庭來說，夫妻兩個人如果不同時工作，一份薪水其實是很難養家活口。即便夫妻兩人都上班，但不幸都是逃不了稅又常做錯誤股票投資的薪水階級，還動了購屋的痴心妄想，則兩份薪水依然拮据。

所以說，現在的婦女就業，並不全然爲了追求自我實現，更壓根沒想要當女強人，很多婦女就業實在是爲了貼補家用而不得不然，就像以前的婦女「把客廳變工場」是一樣的不得已。許多先生也挺不起腰桿，說不出：「不用上班了，回家我養你。」這種看似天經地義卻求之不可得的豪語。

太太就業，當然 先生理家，再說

既然太太就業是不可避免的，那我們是不是已經發明了一種與雙薪家庭相配套的家事分工準則呢？就像一班制的工廠與兩班制的工廠，必然有不同的工作流程。很抱歉，這套家事分工準則在絕大多數雙薪家庭尙未出現。

許多先生都已經習慣且不可或缺的將太太的薪水列入家庭收入預算，但並沒有習慣將家事分工視爲自己應盡的責任。因爲這些先生對家事一竅不通，也缺乏學習的興趣與意願。

我們先來看看職業婦女的甘苦。

職業婦女由於白天工作忙碌，晚上回到家時早已精疲力竭，看到家中還有永遠做不完的家事，不是心有餘而力不足就是心力交瘁。若是自恃自己也在賺錢養家，理所當然也該像先生一樣免做家事，則做起家事來必然心不甘情不願，抱怨連連。夫妻不生磨擦才是怪事。

即使先生個性溫和，對太太寬容包涵，表面上看起來好像相安無事，其實仍有潛在的危機，不會叫的狗，咬起人來才猛呢。家裡髒亂，正好給先生不回家的藉口。家裡不溫暖，正好給先生在外面尋慰藉的理由。

我老婆最近迷上「臥虎藏龍」

面面俱不到的職業婦女

職業婦女與子女相處的時間較少，回家時能顧到小孩功課就不錯了，能夠充分了解孩子，與孩子無話不談就是奢望了。時間一長，難免覺得失職、內疚、虧欠，只好用物質與低管教標準做爲補償。

由於見識較廣，自己又不必要完全倚賴先生，職業婦女對先生的服從性較低，如果先生對太太還有傳統上「太太以服從先生爲天職」要求，兩人要避免紛爭，幾乎是不可能的。

對絕大多數的男性來說，男人是一家之主的觀念還是牢不可破，大男人主義者也不是幾年時間就可以改變的，而職業婦女的自我認知與自我期許卻往往在上班幾個月後就大大改變。夫妻兩人若是彼此適應技巧不佳，或是先生拒絕正視太太角色的改變，則衝突就無法避免了。

職業婦女由於接觸外界的機會增加，難免會看到心儀的男人，如果自己的先生條件太差（如果只是差而不是太差，通常太太是能包容的），或是兩人關係早已不睦，加上自己心意不定，外界又有誘惑，一推一拉，一來二去，外遇問題很容易就產生。

職業婦女的太太最欠愛

如此可見，職業婦女屬於比較難愛，可是又最需要愛的一種太太。如果你的太太是職業婦女，恭禧你，你有福了，因爲你會學到更高深的愛太太的知識。

首先我們應該要改變我們對於家庭的觀念。以往我一直認爲家庭的維繫在於父母對於家庭的無私奉獻，現在則有所調整，我現在認爲家庭是一個有機體，家庭中的每一個成員（包括孩子）都有爲家庭貢獻的義務，如此才有權利享受家庭所提供的福利。就像國民應納稅，污染者付費，垃圾費隨袋徵收，看電影得買票一樣，家人也應該要做家事。納稅與買電影票的義務是不分性別的，做家事的義務也是不分性別的。只享受權利而不盡義務的，就是小偷。

嬰兒也要盡家庭義務

如果太太是職業婦女，而你沒有上班，那你就是理所當然的家庭主夫。

如果太太與你都上班，那你們兩人都有做家事的義務，誰的工作閒一點、薪水少一點，家事就請多做一點。

如果你的孩子是嬰兒，就請他或她少哭點，半夜少醒兩次。對嬰兒來說，少找父母麻煩，就是盡了家庭義務。

如果你的孩子四、五歲，請他自己如廁、自己洗澡、自己收拾玩具、自己將餐後的餐具放到洗碗槽。他不做好這些事，父母也沒有義務要爲他買玩具。

如果你的孩子十一、二歲，請他拖地、洗碗、折衣服。他不做好這些事，就沒有權利打電動。

建立公平合理的家庭結構

只要全家人都能夠依自己的年齡、時間、能力，提供不同的勞務，就是最公平合理的家庭結構。在這樣的家庭結構下，每一個成員都是其他成員的靠山後盾，每一個成員也可以確信其他成員是可以信賴的。就算是嬰兒也是可以信賴的，你可以確定他不會沒事哭鬧不休。

只有公平合理的家庭結構，才不會有成員被犧牲、被剝削、受委曲、被縱容。如此的家庭結構，才是禁得起時間考驗的。

愛你身爲職業婦女的太太，就爲她建立這種公平合理的家庭結構。這當然由你自己開始做起。

10

自愛方能可愛　愛人方能被愛

10 自愛方能可愛 愛人方能被愛

夫妻理所當然是因爲相愛且願意永遠廝守在一起才結婚的，但是萬一結婚後反而失去了愛，那豈不是匪夷所思嗎？

然而，婚後的愛對一般夫妻而言，卻如同政治人物的誠信般罕見。結婚愈久，相愛愈少，如同政治人物從政愈久，誠信愈少。

愛不下手

童話故事中，王子與公主婚後就過著幸福快樂的生活。這種描述，實在是刻意迴避了婚姻生活的複雜性。在現實生活中，對許多人來說婚後的愛與被愛，都是痛苦的課題。不是他們不願去愛，而是他們不知如何去愛，更麻煩的是他們發現對方實在有太多不可愛處，所以他們無從愛起。

更有的太太是經過先生百般追求才下嫁的，居然還以爲婚姻生活就是先生必須像婚前那樣，畢恭畢敬的侍候太太，太太只要好好做個愛的被動者就可以了。哪知結婚後，卻發現苦盡甘來的先生也要她付出同等的愛，遺憾的是她已經被愛慣了，根本不懂得去愛。

婚前的愛，源於相互吸引。婚後的愛，源於相互瞭解。不是瞭解對方的優點、缺點、特質，而是要瞭解對方的需求。優點、缺點、特質不用主動的瞭解。也會被動的發現。對方的需求卻是用心都未必能完全瞭解，不用心當然就更不能瞭解了。

相互瞭解的需求

夫妻相處時都會認爲配偶應該瞭解自己，自己也一定要瞭解配偶的心理需求。因爲當配偶深切的瞭解自己時，自己才會有被尊重、被接納以及被愛的感覺。同樣的，當自己充分瞭解配偶時，自己也才會有擁有、充實，甚至是控制的心理成就感。

如果夫妻兩人在一起生活了幾年，雙方還摸不清對方的底細，甚至遮遮掩掩，不讓對方知道自己的內心，這種婚姻根本就是危機四伏。

可是要全然瞭解另一個人，特別是女人，談何容易。人的複雜程度，有時連自己都不瞭解自己。自己也難以用語言形容自己，換得對方的全然瞭解。而女人又比較容易有「因爲你愛我，所以你就應該瞭解我」的不自覺或是潛意識，將「奴（奴家，非奴隸、奴婢）之所欲，藏在我心」。猜中了就表示夠愛我，猜不中就表示欠關心。

偏偏男人大多靈氣不足，猜女人心事的準頭跟猜明牌差不多，婚前勉強玩玩這種無功有過的遊戲還可以，婚後就敬謝不敏了。

可是沒有瞭解就沒有愛，你不瞭解你的太太，如何去愛她呢？如果你並不瞭解你太太，卻聲稱你愛她，那麼你愛的只是你心中的她，而不是眞實的她。

愛太太就要瞭解太太，不但要全盤掌握太太的語言、肢體語言，就連眉毛一跳、眼睛一眨都不能放過。不但要瞭解太太的言下之意，還要瞭解太太的言外之意，甚至要比太太更瞭解太太。愈瞭解太太，太太就會愈相信你是愛她的。

安全展現眞實自我的需求

在社交場合中，我們必須隱藏自己的眞實個性，去扮演一種討人喜歡的角色。有任何不滿，必須裝著若無其事。就算心情不好，也要談笑風生。明明一肚子火，還得面露微笑。

我們之所以不敢在外人面前表現眞實的情緒，是因爲眞情流露的結果往往會傷害到別人，也會傷害到自己。在社交場合，虛僞客套是安全的，而誠懇眞實是危險的。

夫妻相處時，如果也如此客套、虛僞，不能放鬆自己，或是戰戰兢兢，怕說錯話的話，這種婚姻就太缺乏安全感了。

安全感，就是夫妻雙方在對方面前，都有不怕說錯話、非故意做錯事的自由。

試想一個脾氣暴躁、情緒不穩定，甚至是喜怒無常的先生，經常弄得全家草木皆兵，誰和他相處會有安全感？誰敢在他面前呈現自己眞實的情緒？這種先生根本就不可能瞭解太太與孩子，更得不到太太以及孩子的愛。

眞的是「他不再愛我了」嗎？

夫妻間一切抱怨爭執的理由，固然是家家不同，但追根究柢最基本的產生原因就是「感覺他（或她）對我不好」，而之所以會「不好」，絕對是因爲「他（或她）不夠或是不再愛我」。

就連擠牙膏方式（由中間擠或是由尾端擠）這種芝麻綠豆的抱怨爭執理由，追根究柢最基本的產生原因，當然還是「感覺他（或她）對我不好」，否則「他（或她）爲什麼不願意爲我調整擠牙膏的方式」，而「他（或她）之所以不願意爲我做這麼小的調整」，必然是「不夠或是不再愛我」。

這種無限上綱式的推理，看似小題大作到幾近荒唐，卻是很寫實的。

妳最近都不理我…

這種小題大作更反應婚姻生活不但會影響夫妻的愛情，就連夫妻的智商都會受波及。一人各買一條牙膏，各擠各的，別管對方怎麼擠，不就天下太平了嗎？爲什麼他們就想不出來？

既然「他（或她）不夠或是不再愛我」，是夫妻間一切抱怨爭執的最基本的產生因素，維持夫妻雙方持續而足夠的愛情，就是避免抱怨爭執，維持高品質婚姻的不二法門。

求人不如求自己

只可惜的是許多人在婚後維持愛情的方法，都太簡單了，就是要求對方像婚前一樣愛自己，甚至是更愛。徹底的忽略了「自愛方能可愛，愛人方能被愛」的道理，忘了在要求對方愛自己之前，檢視自己是不是可愛；忘了在要求對方愛自己之前，檢視自己是不是也愛對方。

這裡所說的自愛，不是「不自愛」的反義詞，而是「愛自己」。這裡所說的可愛，也不是「不可愛」的反義詞，而是「可以讓對方來愛」。也就是說，必須要先愛自己，才能贏得對方的愛；要愛對方，才能贏得對方的愛。

這樣的說法，看似不合理。人當然愛自己，有誰不愛自己呢？當然，自私式的愛自己是天性，但自私式的愛自己，不但不會增加自己的「可愛」度，也無法得到對方的愛。能夠增加自己「可愛」度的愛自己，是積極的、健康的、自我肯定、自我要求、自我充實、自我欣賞的愛自己。

積極健康愛自己，才能增加自己的「可愛」，讓你有資格成爲愛的接受體。

愛對方，才可能贏得對方的愛。如果不愛對方，就算贏得對方的愛，又有什麼意義。被自己所不愛的人愛，就和被自己所愛的人不愛，是一樣的痛苦。

愛是互動，是交流，和抱怨爭執是一樣的，都是一個巴掌拍不響的，要吸引對方的愛，就要把自己弄得「可愛」一點，要獲得就不要心疼付出。

她到底是太愛他了？還是他已經不愛她了？

11

增加可愛

11 增加可愛

身爲男性，我們不難在周圍的朋友中，找到比自己有知識、智慧、創意的男性，或是比自己有財富、權力的男性。前者令我們佩服，後者令我們羨慕。

但是，他們的太太是不是也如同我們一樣的佩服他們，或是分享到我們的羨慕呢？答案可是不一定的。

優秀的男性未必是好先生

許多有知識的男性，根本無從在太太面前展現他的知識。許多有智慧的男性，他的智慧未必能吸引太太的欣賞，反而被太太視爲不務實。許多有創意的男性，所提出的新點子，卻令太太無動於衷。在許多擁有財富、權力的男性背後，躲藏的卻是在暗夜哭泣的太太，因爲他們的先生還沒有回家。

所以說，以男性的標準來評估男性或是先生，評價絕對與女性或是太太的標準所評估出的是不一樣的。身爲先生的男性，要增加自己的「可愛」，也就是要增加自己「可以讓太太愛」的標的之前，一定要先弄清楚這點。

相信不少先生都曾爲自己叫屈。自己的工作已經很辛苦了，職位、待遇也不算差，薪水原封不動拿回家，對太太、子女也算夠盡責，但太太總是東挑鼻子西挑眼。搞不懂到底是自己沒出息，還是太太難侍候。殊不知，以上都只是做先生的起碼的本份，與「可愛」是不相干的。

讓太太信賴才會被太太愛

要讓太太覺得自己是可以去愛、值得去愛的對象，首先要給太太足夠的安全感。這種安全感不是金錢的、物質的，而是恆久的可信賴感。

可信賴感實在太重要了，太太對你如果沒有這種感覺，肯定愛不出來。

信賴就是信任與依賴。做先生的必須要讓太太感覺自己是可以信任的，自己對太太是忠實的；必須要讓太太感覺自己是可以依賴的，不論太太今天需不需要依賴你；必須要讓太太感覺只要她想依賴你，你隨時可以被她依賴。

其次，要有敏銳的感受力，能捕捉到太太最些微的愛意或是退而求其次的善意，並且加以擴大。太太對你的愛意或是善意，你如果感受不到，或是沒有讓太太確定你感受到了，你就沒有資格期待太太繼續對你釋放愛意或善意。

最後，要能持續不斷的對太太散發關心、理解與愛意。

安全感是愛情的基礎，敏銳的感受力才能讓太太感覺自己是在意、在乎她的，而不斷的愛的傳送，才會不斷的讓太太覺得自己是「可愛」的。

自愉愉人

以上所說的是關於增加「可愛」的方法，境界層次都比較高。其實婚姻生活的成功與否，較低境界層次的問題，是「愉快」，也就是和配偶在一起是否愉快，配偶是不是能讓自己感覺愉快。

在愉快這個層面，樂觀、開朗、風趣、幽默是做先生的必修課。快樂的先生未必會有快樂的太太，不快樂的先生必然會有不快樂的太太。快樂的人必然是

「可愛」的人，不快樂的人，你如何愛得下手。要贏得太太的愛，請先做一個快樂的先生。能做到樂觀、開朗、風趣、幽默，你看起來就是「可愛」的，你太太還不來愛你，錯就不在你了。

影響婚姻生活成功與否，境界層次最低，幾乎毫無境界層次的問題，稱之爲「賣相」。

請顧到賣相　勿破壞室容

水果在水果攤上的樣子，肉在肉案上的樣子，都叫做賣相。賣相好的，就比較容易被賣掉。賣相不好的水果，下午五點的行情就是「一堆算十元」。賣相不好的肉，下場就是被絞碎成絞肉，不敢以本來面目示人。

許多做先生都自認爲又不是舞男，何須注重賣相。上班西裝、領帶的，倒還人模人樣，回到家卻是汗衫、內褲破壞室容。要不就是坐沒坐相，腳翹在桌上，或是抖腳抖到腳抽筋。再不就是當著太太挖鼻孔、放響屁、剪指甲，噁心十足。這種先生，用有何賣相可言，叫太太如何愛？

凡是人都免不了挖鼻孔、放響屁、剪指甲，但是沒有必要在太太面前做這些事，就像你也不期待太太在你面前做這些事。

12

禮在情義在　禮到情義到

12禮在情義在 禮到情義到

婚前，幾乎沒有男人沒有送過禮物給情人。

婚後，幾乎沒有男人主動送過禮物給太太。

一束花、一瓶香水、一盒巧克力、一個杯墊、一枝蠟燭，都是男人送給情人最好的禮物。當你要買禮物給太太的時候，卻會發現不知道買什麼好。

太便宜的送不出手，還怕弄巧成拙，太太反而責怪你「我就値這點兒嗎？」太貴的送了心疼，錢已經不多了，拿去還房屋貸款，多少還可以省點利息錢。

不實用但是太太喜歡的東西，你覺得買來無用。實用但太太不喜歡的東西，買來送太太，太太覺得你無情。

太太的生日，你們的結婚紀念日（不要問結婚紀念日爲什麼是先生送禮物給太太，而不是太太送禮物給先生），可千萬別忘了送太太禮物。

得罪了太太，送禮賠罪的效果如同割地賠款，一樣可以息事寧人。

沒事可別亂送太太禮。「禮多人不怪」這句話，太太不適用。太太收到意想不到的禮物，通常的反應不是喜出望外，而是懷疑先生在外面做了什麼壞事。

記住，送太太的禮物一定要是只有太太一個人能用的，吸塵器絕對不是合適的太太的生日禮物。

出差，千萬別忘了帶份禮物回來。就算長途電話已經打過了。

禮物不足以代表你對太太的心意，但是沒有禮物就表示你對太太沒有心意。

你做牛做馬、曲意承歡爲的是什麼？還不是爲太太高興。如果禮物能讓太太高興，何不讓禮物代勞呢？

愛太太，沒事何妨「太太，先生我這廂有禮了。」

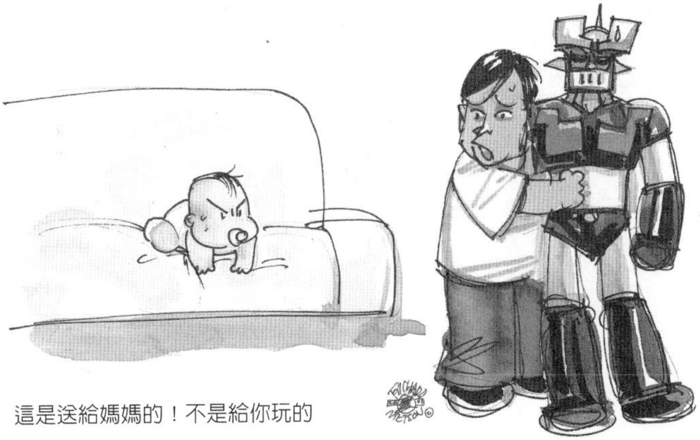

這是送給媽媽的！不是給你玩的

妳不喜歡？我千辛萬苦才買到的耶！！

13

溝通與情趣並重

13溝通與情趣並重

不知你有沒有聽過這樣的對話。

問：「你跟你太太現在處的怎麼樣？」答：「好啊，好得沒話說。」

新婚時的無話是「新人動手不動口」，是「無聲勝有聲」。結婚十年的無話，是寂寞，是無奈。

理性與感性

溝通與情趣並重，也可以說是理性與感性並重。夫妻相處，不能沒有理性的溝通，也絕不能缺少感性的情趣。

結婚久了，夫妻間很容易變得只有對話而沒有溝通。只有日常生活訊息的交換，而沒有內心思想的交流。只有性，而沒有流露於外可以讓對方感受到的情。只「敢性」，而不「感性」。

除了雙向的溝通，單向的觀察也非常重要。觀察太太不是疑神疑鬼，而是體貼入微。

當我們熱戀時，太太的一舉一動對我們都有很大的意義。但婚後我們對太太的言行舉止與情緒狀況，就不再那麼關心，對太太的觀察變得粗枝大葉，甚至是視而不見。

體貼太太　觀察入微

用體貼的心去觀察太太，是先生應盡的本分。觀察還得洞燭機先，不要等到太太開口，你才注意。夫妻相處的最高境界，就是當太太還未啓齒，你已經瞭解她的心意，已經揣摩出她的需求。

很多夫妻在相處時，過度重視如何讓配偶知道自己的狀況，於是他就不斷的「說」，卻忽略了比說更重要的「聽」。

傾聽就是設法讓太太以與自己說話爲樂。當我們眼睛注視她，不斷的反應（不是插嘴），不斷的點頭稱是（不是批評或是辯論），太太一定會喜歡與自己溝通，太太也能更順暢的表白自己。

夫妻要相處得有趣味，不是只要各自扮演好夫妻的角色就可以了。循規蹈矩一板一眼的丈夫，或許是外人眼中的好先生，但卻不一定能與妻子水乳交融，甚至是合而爲一，因爲他們不見得能有良好的溝通品質。其中大部分的問題出在，夫妻對於溝通的興趣與需求往往差異甚大。丈夫誤以爲太太是嘮叨、囉嗦、長舌，太太則認爲已失去先生最基本的關愛。

要提高這種溝通的品質，需要夫妻兩人重視彼此的感覺，不僅會聆聽配偶的感覺狀況，還需了解感覺的內涵，更需要去接納配偶的心態，與之分享、交流。

說出自己就是最好的溝通

很多人都認爲溝通必然是發生在雙方意見不一時，且應針對實際且與雙方有直接關係的事。

夫妻間廣義的溝通，其實並不止於此。廣義的溝通應該是要能促進雙方持續的互相認識和了解。雙方對於特定議題、特定新聞、特定人物、特定價値觀，說出自己的想法、觀點，就是讓對方認識、了解自己最好的方法，而持續的了解、認識對方，才能持續的對對方產生信賴感。

整天算明牌，猜猜我現在要幹嘛？

許多先生都會抱怨太太不瞭解他，言下之意不外乎自己的層次比太太高太多，太太連欣賞他的能力都沒有。其實是做先生的根本沒有給太太瞭解他的機會，自己的所作所爲、所見所聞、所思所想，完全不告訴太太，請問太太要如何瞭解他？

這裡所說的情趣，和情趣用品一點關係也沒有。事實上，情趣用品只能在提高性趣的同時，降低情趣。夫妻之間，應該是「性情中人」，既要有性，也要有情。

性情中人　有性也有情

在戀愛階段的男女，情的表現方式是情愛與情慾；婚後的男女，情的表現方式應該是情趣。

夫妻間的情趣，應該是在情的基礎上，在雙方相處時加入趣味，從而更加深情的基礎。

趣味是很抽象的，很難舉出放諸每一對夫妻皆準的例子。但是卻可以歸納出在日常生活的每一個細節中，加入風趣、幽默、變化、細緻，就是趣味發生的根源。

趣味的營造，其成果是雙方共享的，並非獨厚一方。只要多花些心思，總能創造出一些趣味，嘉惠太太也嘉惠自己。提昇夫妻生活的品質，就是提昇自己的生命，而生命是只有一次的。

啊！原來她是這樣治好失調的！

14

藝術爭執

14 藝術爭執

牙齒都難免咬到舌頭，夫妻之間怎麼可能會不發生爭執。

如果有一對夫妻從未發生過爭執，那也是不健康的，因爲那絕對是一方或雙方違反人性壓抑自我的結果。一方或雙方自願或非自願的壓抑，都不是值得鼓勵的。

爭執難以避免　傷害可以降低

既然夫妻間的爭執是健康且難以避免的，減少爭執爲雙方帶來的傷害程度，不就等於消極的增加雙方的互愛嗎？

婚姻是一份一年三百六十五天，一天二十四小時的辛苦工作。

夫妻倆人在一起生活四、五十年，同住一個屋簷下，同管一個（或兩個、三個……）小孩，同睡一張床，同在一個桌上用餐，不吵架是不可能的。

夫妻之間應努力的，並不在於設法去避免根本避免不了的口舌之爭，而是如何才能將衝突昇華轉化。愛是化解衝突的觸媒，要將衝突昇華轉化，首先應讓自己心中有愛。有了愛才能接受太太的缺點，才能設身處地爲太太著想。

俗話說，「相罵無好言」。人在爭執或是吵架時，絕對是挑難聽的話說。有三句話可以用於表達自己的想法時，絕對挑其中最難聽的那一句說出來。挑最難聽的話說，其結果就是說出的話「言過其實」。自己說出口的話，與自己心裡頭想的是不一致的。

你言過其實　他信以爲眞

自己心裡明明才怨對方三分，說出口的卻是恨對方十分。但對方可不知道你的心口不一，他才不知道你心裡僅僅怨他三分，他只確定他聽到的是你親口說的恨他十分。他對你的感受，他對你的回應，都是以「恨你十分」做爲判斷基礎，而不是「怨你三分」。如此你來我往，衝突不就愈來愈大了嗎？

所以說，夫妻在爭執時一定要切記，說話要「言符其實」，不要言過其實，或是以偏蓋全。太太明明兩個禮拜才做一次臉，就不要在氣頭上脫口而出「你天天出去做臉」。太太明明才漏洗了一個茶杯，就不要在氣頭上脫口而出「你什麼家事都不做」。

聽太太的話卻要反其道而行，只聽一半，而且要揀比較不難聽的那一半聽。對於比較難聽的另一半，就來個馬耳東風，聽而不聞。

觀其行　不聽其言

戀愛階段，應該「聽其言」，只要有甜言蜜語海誓山盟就可以結婚了。婚後吵架時就只能「觀其行」，而不可「聽其言」。看看太太家事也沒少做，就別理她話說的尖酸刻薄了吧。

不論做不做得到，許多夫妻都知道在爭執時不要翻舊帳，不要擴大衝突面，不要做人身攻擊，不要攻擊對方家人，不要在子女面前爭執。但許多夫妻可能並沒有發現，他們爭執的事端以小事居多，以一再重覆的小事居多。

既然引發夫妻間爭執的事端，以小事居多。我們或許應該以輕鬆平常的心情，來看待夫妻間的爭執。有事端存在，不見得非提出，進而產生爭執不可。爭執眞的發生了，也沒有那麼大不了的。爭執與夫妻失和、婚姻危機還差十萬八千里。

沒有夫妻會以爲爭執而爭執的心態，沒事找架吵。一開始絕對是抱著解決問題而且是永遠解決的目的而溝通的，溝通不良才轉爲爭執、吵架。但是經驗告訴我們，爭執不太可能會解決問題，爭執過後，引起爭執的原因還是會重現。所以爭執的結果通常只有互相傷害，問題依然存在。

大事靠吵　小事靠忍

這並不是說，夫妻爲了避免爭執，就應該放棄溝通。夫妻絕對需要溝通，但要儘量選擇不會導致爭執的事來溝通。如果非選可能會導致爭執的事端，請儘量選擇大事。可能會導致爭執的小事，基本上是不能靠溝通來解決的，而是要靠體諒與包容。

分辨大事、小事的最佳辦法，就是將自己認爲是大事的事寫下來。如果明天自己看了還認爲它是大事，它就是大事了，否則它就是小事。

我們如果能放棄一些對太太的小小要求，我們反而能夠得到更多的快樂。因爲我們放棄了對太太的小小要求，太太的表現就會讓我們大大的滿意，對太太的表現滿意難道不是先生最大的快樂嗎？

人是活的，事情是可以變通的，一味的鑽牛角尖，只會導致兩敗俱傷。分手的情侶、離婚的夫妻，他們離異的原因，往往只是爲了小小的事。聰明的夫妻，別讓小事笑你們傻。

不要低估小事的殺傷力

再次提醒：干擾婚姻中愛的延續的事，通常不是大事，而是小事。大事反而容易促成夫妻同仇敵愾、共體時艱、相依爲命，最微不足道的小事往往對愛的延續最有殺傷力。

先生下班回來喜歡把衣服扔在椅子上；太太則喜歡順手把衣服掛起來，隨時保持屋裡的整齊。太太永遠弄不懂，爲什

麼舉手之勞的事，對先生來說比登天還難。先生也永遠不明白衣服暫時放在椅子上有什麼不對，椅子就只能坐人嗎？

太太喜歡規律，凡事都要在計劃之中，不能有插隊；先生則喜歡隨興，興之所至就出門，也隨時歡迎朋友上門，不論三更半夜，不到盡興不下逐客令。太太痛恨先生的隨興，先生則認爲凡事一板一眼，人生還有什麼趣味？

這些小小的差異，不該是結束夫妻關係的理由。可就像君臣之間共患難易共安樂難一樣，夫妻可以共同克服生命中重大的危機，卻容易被不斷糾纏的小事所打敗。

告訴太太你的感覺

夫妻間的體諒與包容是必要的，但不見得該對太太一味的順從與忍耐。過度的順從與忍耐，只會讓太太覺得你沒有個性、沒有主見，久而久之太太不但會忽視你的意見，還會抹殺你的感覺。

確實的讓太太知道你的想法、意見與感覺，是做先生的權利。

只是這種自我表白，最好要愼選時機。待太太情緒平和，自己也很冷靜時，先聽聽太太的看法，再將已經構思好的內容，表白出來。如此太太對你的表白，就算不能配合，也不會引起新的爭端。

如果太太對你有所批評，你難免會有被傷害的感覺。然而你是成人，有能力瞭解太太是不是眞的在批評你，還是只是她的心情不好，而你偏偏又搶在孩子、狗之前，出現在她的面前。如果你能有這種理解，就可以使太太的批評不致對你構成太大的傷害，也不會因太太的批評就認爲自己有錯誤。

爭執需要解決，而不是放棄

時下一些年輕的夫妻，第一次發生爭執後就宣告分手。他們認爲婚姻中不能有絲毫的爭執存在。如今辦理離婚一點不難，要找兩個證人比以往容易得多，年輕人在法官的輕率判決下，常常失去了重拾舊愛的機會。

輕率的離婚，會使離婚的雙方誤認爲錯誤只在對方，只要換個對象，就能有幸福的婚姻。如此，雙方只是將原來的問題，分別延伸到下一次婚姻中。因爲，雙方都沒有由離婚中獲得自我檢討與學習的機會。

夫妻之間日以繼夜的親密生活，必然會有些衝突。而這些小摩擦，可能經歷一番討論或是爭論之後，就可以迎刃而解。只要雙方遵守爭論的規則：不得口出穢言，不得作人身攻擊，不得攻擊對方親友。

雙方更要有共識，爭論的目的並非要壓倒對方，而是要藉由表達來達到溝通的目的，找到雙方都能接受但未必滿意的方案。

結婚十年以上的人都會承認，倆人在十年之中所發生的爭執，絕對不止一次，許多人甚至還爭執到瀕臨了崩潰的局面。但是，他們在發生爭執之後，必定設法修正自己，以尋求彼此的協調與平衡，或是犧牲少許的自我以增進對方的利益。任何白頭偕老、至死不渝的婚姻，都必須經歷這些爭論與修正的階段。

不要懼怕爭執，出現爭執就要尋求解決，不可半途而廢。夫妻間不要有懸而未決的爭執，要爭、要辯，絕對要徹底、完整，這樣才能水落石出，說出雙方的心裡話，找出問題的癥結和解決的方法。否則半途而廢，彼此仍陷於五里霧中。

不要讓怒氣過夜

最後要提醒，千萬不要讓未解決的衝突、傷害、怒氣、怨恨，成爲阻隔在你與太太之間關懷、熱情、快樂與愛的互動的高牆。如果對太太不滿，一定要儘快溝通，或是自我化解，絕對不要積壓。長久積疊的傷害與怒氣會造成突發的悲劇性的暴怒，變成難以彌補的家庭暴力。即使沒有身體的暴力，家庭中的語言與精神（不說話、擺張臭臉）暴力也會造成抹滅快樂、殘害愛情的重大傷害。

總結我十年婚姻生活與太太吵架的經驗（經驗這麼豐富，眞是不應該），夫妻吵架有些錯誤是不能犯的，不犯這些錯誤，吵架對婚姻生活的影響並不大。

夫妻吵架，千萬不要口出穢言，不要翻舊帳，不要攻擊太太的父母、親友，不要言過其實，不要比大聲，不要辯論、耍嘴皮子，不要做人身攻擊。

夫妻吵架，千萬要記得對事不對人，指責太太時要溫柔點兒，留點機會讓太太發洩，只要自己有丁點兒錯，道個歉又何妨。

15

規劃財務

15規劃財務

如果你結婚十年了還愛太太，而且還打算永遠愛下去，趕快著手規劃幸福的婚姻遠景。

金錢打造幸福遠景

幸福的婚姻遠景，建築在獨立自主的孩子、相當的經濟基礎、健康的身體、可投入的興趣嗜好、良好的獨處與相處能力之上。這些條件都不是一朝一夕可以具備，絕對需要儘早規劃提前準備，特別是經濟基礎。

錢不是萬能，但是沒有錢萬萬不能。

富貴夫妻不見得一定幸福美滿，但貧賤夫妻卻一定百事哀。

愛情是婚姻生活中的精神糧食，有金錢未必有精神糧食，但沒有金錢就沒有糧食。

以上三句話是充滿銅臭味的至理名言，放諸古今中外皆其準無比，愛太太的先生們可以忘了對太太說「我愛你」，但這三句話可千萬別忘了。結婚十年後，對太太說一萬句「我愛你」的效果，也比不上金錢。

規劃財務　大公無私

不論雙薪或單薪家庭要規劃財務，都需要夫妻通力合作。夫妻共同規劃財務，在積極上可以培養夫妻經濟共同體的感覺，進而產生生命運共同體的共識；

衝啊！向「錢」衝！

在消極上可以避免一人拚命賺錢一人拚命花錢，一人拚命節省一人拚命浪費的消費觀不一致的問題。

夫妻兩人應將薪水或是各人的儲蓄、投資收入列出，一起來討論開支用途。那些是要給雙方父母、那些是兩人的零用錢、那些是生活開支、那些是儲蓄投資。在討論金錢問題時，先生最好有「對自己小氣，對太太大方」、「對自己的開支完全坦白，對太太的報告完全信賴」的態度，規劃財務不是開檢討會或是鬥爭會。

夫妻要一起規劃財務，就不該各自存私房錢。所謂的私房錢，其實就是對配偶或是配偶處理金錢能力的不信任，也是夫妻間對於金錢價値觀不一致的反應。不論動機如何，做法都是對配偶的欺瞞。

當私房錢因沒藏好或是你主動奉獻而曝光時，太太永遠會認爲曝光的只是其中的一部分，而且永遠會認爲你還有再藏私房錢的可能，所以光明正大的先生以不藏私房錢爲宜。

財產登記太太名　先生財去人安樂

私房錢之外，容易引起夫妻爭執的財務問題，首推該以誰的姓名儲蓄、投資、置產。基本上，女性特別是已婚的女性，都較男性爲實際、務實，財產登記在太太的名下，能給太太相當的安全感，而先生也不會因而感覺不安全。如果登記在先生名下，先生因此能獲得的安全感並不多，太太卻會感覺很不安全。所以兩相比較，如果沒有稅務上的顧慮，財產不妨登記在太太名下。

在規劃財務時，一定要有節稅的觀念，善用各種免稅額、扣除額、寬減額。特別是第一個房子如果登記在太太或先生名下，第二個房子就不能再登記在同一人名下，否則就無法享受首次購屋優惠稅率。此外也該及早研究遺產稅與贈與稅的差別，如此才能知道自己辛苦所得在百年之後有多少能給孩子，有多少得報效國家。

訂定每月儲蓄、投資金額

接下來就進入財務規劃的主要目的——儲蓄、投資。夫妻應該共同討論，找出一個合理的金額，做爲每個月的定額儲蓄、投資。過度的節衣縮食，將大量的所得用於儲蓄、投資，只顧到幸福的遠景，卻苦了眼下的生活，當然是矯枉過正。每月儲蓄、投資的金額過少，想要獲得一個經濟有保障的未來，當然也就遙不可及了。

與歐美社會福利制度完善的國家相較，台灣的所得稅稅率低很多，社會福利比他們差也是理所當然。正因爲如此，我們更需要自求多福，社會福利不夠，我們就更要張羅個人福利。

變化比計劃要快

投資理財是相當專業的學問，不同的家庭有其不同的財力與不同的風險承受能力，自然也會選擇不同的投資標的與組合。在此只是強調，變化總是比計劃要快，人算不如天算。人年紀愈大，能夠承受風險的能力就愈低，家庭成員愈多，能夠承受風險的能力就愈低。不儘早規劃財務，只怕有一天想要愛太太，都心有餘而力不足了。

多一分準備，就能使未來美好的遠景更具體可行一分，使夫妻的感情多一分未來的保障。當你在投資於未來時，自然也更珍惜此刻。愛太太的現在，就要爲愛太太的未來作準備。太太的未來都愛到了，還能不愛太太的現在嗎？

16

規劃遠景

16 規劃遠景

不論男女，要兼顧婚姻家庭與職業，都是相當辛苦的。

不論雙薪或是單薪家庭，上完一天班，做完家事，料理好小孩，夫妻兩人都已經是身心俱疲。要求夫妻能每天談情說愛，簡直是緣木求魚。能夠有點平靜的對話，而不是各自癱在電視機前面，就已經不錯了。

互許一個美好的未來

既然目前的生活是如此庸碌，就該將希望寄託在未來，而且現在就著手規劃準備。畫餅可以充饑，望梅可以止渴。未來滋養感情的沃土，也可以給現在營養不良的愛苗一點點幻想的滋潤。

下一件衣服、下一個假期、下一輛車子、下一棟房子，是鼓勵人繼續努力的動力。何不讓下一個階段的婚姻生活，成爲鼓勵你爲現階段婚姻生活努力的動力呢？

戀愛階段，感情是男女心中的第一位。結婚後，工作與日常生活就成夫妻心中的第一位，感情就退居第二線。等到有了小孩，夫妻又以小孩爲第一位，工作與日常生活都莫不孩子而調整配合，感情又退居第三線。

如此十數二十餘年後，小孩漸漸長大脫離父母，夫妻心中頓失主角，夫妻一方或雙方仍在就業中，工作職業與日常生活又躍爲主角，而未就業的一方則不免因小孩的離去產生失落感。等到另一方或雙方都退休了，退居第三線久矣的感情，能不能自動回復主角的地位，又大成問題。

爲閒做準備

有句話很有道理，「不是閒人閒不得，閒人不是等閒人。」。忙碌工作久了，一旦回歸平靜的家庭生活，反而手足無措，不知如何安排。於是大眼瞪小眼，斤斤計較於芝麻綠豆。得之不易的眞正夫妻生活，反而不能有較高的品質。

如果夫妻有幸白頭偕老，以目前的男女平均年齡與退休年齡相減，夫妻至少有十年以上的時間，必須兩人在家大眼瞪小眼。十年是人生中不算短的時間，而這最後的十年又是人生中最輕鬆的十年，責任已盡，義務已了，智慧已成熟，正該好好享受人生。

你希望如何和太太渡過這黃金十年？唱卡拉OK、打麻將、打太極、練外丹功、爬山、做志工、看柏楊版《資治通鑑》、出國遊覽……

訂定最後十年計劃

現在就先和太太討論一下，訂出最後十年（最好訂長一點，或許暫定二十年，搞不好用得上）計劃，並且列出要實現這些計劃所需要的條件。條件可能包括錢、好嗓子、俐落的手腳、特定興趣、特定知識……不論是什麼，及早備妥這些條件，以待黃金十年派上用場。

千萬不要以爲休閒生活還需要預做準備什麼，玩玩樂樂誰不會。不預做準備，對到時候就不會玩，也樂不起來。會玩會樂也只能限制在層次比較低的娛樂上，談不上知性，談不上深度。

我和我太太的最後十年，希望能在有咖啡座的書店渡過，所以我們現在就在準備些錢，維持閱讀的習慣，常喝胡蘿蔔汁，如此老了才看得見書上的字，也才會還想要看書，很多老人是不想要看書的。

最後十年，孩子都已經離開自己了，房子可以換小一點的。如果不想留房子給孩子，房子或許不用買，租的就可以了。省下的錢，善待自己和太太。想想看，到時候有錢、有閒、沒責任，多美啊。如果那麼美的畫面中，都有太太的倩影，你現在還能不好好愛她嗎？

17

愛烏及屋

17 愛烏及屋

婚姻是男女兩個各自有不同家庭的人的結合。男女各自的家人都不需要爲婚姻的成敗負責，但是卻都有影響婚姻成敗的能力。

無從選擇娘家人

太太是可以選擇的，但岳父、岳母、大舅子、小舅子、大姨子、小姨子（總稱娘家人）是無從選擇的，選定了太太，你就只能對她的娘家人照單全收。就像如果你要選李登輝當總統，你就必須同時接受連戰當副總統；你要選陳水扁當總統，你就必須同時接受呂秀蓮當副總統是一樣的，不論你喜不喜歡連戰、呂秀蓮。這就是我們的婚姻制度與選舉制度

先生是可以選擇的，但公公、婆婆、大伯、小叔、大姑、小姑（總稱婆家人）是無從選擇的。太太的處境和你完全一樣，你一點沒有受委曲。

不愛太太，一定要善待娘家人，不可得罪，那天你和太太翻臉了，他們聯合起來對付你，下手會輕一點。他們多少會覺得這個女婿還有可憐之處，小小的造反作亂也是官逼民反。

愛太太，那就更要善待娘家人。感謝太太的出產地——娘家，爲你製造了好產品。你多對娘家人好一點，太太就會對婆家人好一點，你回婆家也好做人。

夫妻可以吵架，「床頭打床尾合」嘛。女婿和娘家人可千萬不能吵架，一旦

吵架芥蒂永存。太太和娘家人可以吵架，一家人血濃於水嘛。所以說，太太可以在你面前罵娘家人，你不能在太太面前罵娘家人。太太在你面前罵娘家人的時候，只可勸解，不可附和。你可以選擇自己的朋友（以及上司、同事、屬下），卻不能選擇太太的朋友，就如同太太也不能選擇你的朋友一樣。

協助鼓勵太太擴展人脈

人脈在任何社會，都是個人的資產，多一條人脈就是多一分資產。夫妻兩人如果各有各的人脈，不就等於夫妻兩人各有各的資產嗎？這絕對強過夫妻兩人只有一人有人脈，或是兩人擁有一致的人脈。

不要把太太的朋友都視爲狐群狗黨，不要認爲她們在一起只會比較孩子、罵老公（讓太太在她的朋友面前罵你，遠比她當面罵你要好）。太太有些話是不適合告訴你的，就像你也有些話是不適合告訴太太的，那些話是朋友才能體會，而不是配偶能體會的。太太需要她的朋友，就如同你也需要你的朋友。

做先生的協助、鼓勵、太太維持舊朋友結交新朋友，這不僅是愛太太，更是愛自己。太太的感情、情緒多了一個宣洩的出口，你身上才不會土石流氾濫。太太的知識、見聞多了一個吸收的窗口，你就更容易享受新鮮空氣的吹送。

愛太太，當太太要和朋友約會的時候，你就負責帶孩子，做家事。除非太太堅持，否則不要參加她和朋友的聚會，不要做電燈泡，不要把太太或她的朋友的禮貌性的邀請當眞。

這是我爸爸媽媽！！

18

小別勝新婚

18 小別勝新婚

婚姻生活需要充電，也需要喘息。快速的充電法是二度或是三度、四度蜜月，快速的喘息法則是小別。

成功的婚姻，是夫妻彼此提昇；失敗的婚姻，是夫妻彼此消耗。消耗固然要充電、喘息，要提昇也少不了充電、喘息。

自在　自在　只有自己在

熱戀男女都認爲，既然兩情相悅，必然該朝朝暮暮。老夫老妻卻都知道，朝朝暮暮久了，就很難再兩情相悅。因爲不論夫妻相處再和諧甜蜜，人在婚姻生活中也需要獨處的時間，否則就不「自在」了。

「自在」之所以自在，就是「只有自己在」，而不是「她也在」。

並不是說夫妻相處在一起時，雙方必然有適度的僞裝。而是說一個人獨處的狀態，本來就不可能和旁邊有另一個人一樣，不論那個人是太太、孩子或是朋友。所以說，夫妻相處久了，彼此都會有點疲，有點煩。趁著雙方還沒有到倦、厭的地步時，小別一下，舒緩一下。各自透口氣，喘口氣，不是很好嗎？

人性是很容易「習焉而不察」的。太太對自己再好，日子久了就習以爲常，而不知感激、珍惜。適時的小別，才能使自己重新體會太太的千般好處。出了門，才會知道「在家千日好，出門一時難」的道理。

距離能產生美感

適時的小別，也才可以讓你有冷靜的心情，思考你與太太之間的種種。不論你與太太是互相欣賞或是互相抱怨，小別都是好的，距離能產生美感。

許多太太都認爲，結婚後就應以家庭爲重，婚前的死黨必須要變成淡如水的君子之交。回娘家小住則是夫妻失和，等待先生妥協的代名詞。其實這是完全錯誤的。許多先生也是如此，結了婚，婚前的死黨也不敢上門，怕遭太太的白眼，往來的只有不得不交際應酬的對象，而沒有朋友。

其實，不論男女，婚後能主動與朋友出遊個兩、三天，或是回父母家小住，甚至是被動的出差，都是製造小別勝新婚的良機。

小別個兩、三天，才會知道自己原來少不了太太，也原來少得了太太的。這話怎麼說？雖然這兩、三天你活過來了，也沒有天下大亂，但沒有太太在身邊，總覺得不對勁，原來自己是少不了太太的。這兩天沒有太太在身邊可以依賴、可以抱怨、可以出氣，自己還是活過來了，原來自己是少得了太太的。

調整夫妻關係鬆緊度

覺得自己少不了太太，則不免把太太綁得太緊，讓太太抱怨；覺得自己少得了太太，又不免把自己放得太鬆，使太太不放心。兩者都不是正確的夫妻關係。小別才會讓你明白，夫妻之間若即若離是最美的。勇敢放太太兩、三天的假，是信賴太太不會出軌，也信任自己有能力自處的最佳表現。小別兩、三天，沒什麼大不了的，只要別忘了打電話給太太，也別忘了接太太的電話。

喂！有沒有照顧大人的保姆？

19

再度蜜月

19再度蜜月

再度蜜月可以使夫妻感情充電，使心靈充電，當然也能使身體充電（高品質的性生活在日常生活中往往是奢求，卻是婚姻生活所必須要有的。）

戀愛階段的男女，之所以會產生感情，最大的原因就是當時雙方都把對方放在第一位，朝思暮想魂縈夢牽者，無非對方而已。婚姻階段的男女，感情之所以褪色，最大的原因無非將對方置於第三位，將子女、事業置於第一、二位。

再度蜜月　爲夫妻升等

再度蜜月，就是要在短暫的時間中，排除事業、子女的干擾，將對方再度置於第一位。（稱夫妻二人出遊爲再度蜜月，或許會令一些老倆口害羞臉紅，而且也賦予出遊太多的遐想，還是稱渡假比較妥當。）

雖然渡假對夫妻是無比的重要，但卻一定要以平常心看待，因爲渡假是夫妻最容易吵架的時候。爲什麼以尋找快樂爲當然目的的渡假，最後卻以吵架收場呢？這是因爲在渡假時，夫妻倆內心的特殊心理現象，被他們忽略了。

渡假的目的在於放鬆心情，但渡假的過程卻令夫妻的心情遠比平日在家爲緊張。

車子的狀況如何，半路不會出問題吧？

會不會塞車？

旅館訂的沒問題吧？

萬一行程不好玩怎麼辦？

心裡儘是嘀咕，心情如何不緊張？

期待高　變數多　快樂少

渡假就必然存在不可預期的變數。天氣不一定一直萬里無雲，可能來個傾盆大雨，侍者可能陰陽怪氣，餐點可能貴而難以下嚥，旅館房間浴室的水龍頭可能直到晚上十二點才被你發現滴滴答答關不緊。反之，天氣也可能突然轉晴，侍者也可能親切幽默，餐點也可能俗擱大碗，旅館的房間也可能面海，但只收你面山的價錢。不值得為渡假中的變數擔憂、心煩。

說當然容易，做到就難了。假期是求上司、求同事、先加班，好不容易才排上的，渡假的費用也不低，當然要物超所值。倆口子難得親熱，不免期待配偶要體貼，除了體貼還要浪漫，除了浪漫還要事事稱心如意。當兩人期待都很高的時候，小小的不如人意，就會造成大大的失望與強烈的抱怨。

具有彈性的行程規劃

有人說：「最好的旅遊方式是有時間、有錢，沒計劃。」。這種信馬由韁式的旅遊，固然浪漫，但其間的變數，卻不一定是夫妻兩人都樂於或是能夠承受的。適度的計劃絕對是夫妻渡假所必需，例如：規劃旅行路線、安排交通工具、預定旅館、收集旅遊資料、攜帶物品清單。

經常有人以爲既然有了周詳的計劃，那就必須一切都按照計劃進行，反倒忽略了夫妻的實際感覺狀況。如果將渡假當做作戰計劃來嚴格執行，搞得分秒不差卻天怒人怨的話，那就太可笑了。在一個風景區流連忘返，導致延誤了原來計劃的時間，行程因而更動的話，沒有什麼大不了，不必因此而抱怨。東西買貴了，餐廳中看不中吃，也不要一直唸叨。景色沒有預期的幽美，也不妨夫妻逕自談笑，不必因此就將掃興擺在臉上。

渡假的目的是爲了要培養夫妻的感情，增進家庭的幸福，只要這個目的能達成，其間的過程都是可以調整修正的。

妳這泳裝真是買對了！

夫妻才是渡假的主角

渡假免不了以旅遊的方式進行，但千萬不可喧賓奪主。如果夫妻兩人參加旅遊團，一個個景點馬不停蹄，一家家導遊有回扣可拿的商店拚命血拼，留下一張張到此一遊的照片，一件件粗製濫造的紀念品，這就與蜜月毫不相干了。這是耗電而不是充電。

如果是選擇國內旅遊，就千萬不要環島一周，否則屆時必然是疲於奔命。其實，時間不多的話，就在市郊找個不錯的旅館。像是家在北部的住陽明山中國飯店，家在中部的住溪頭米堤飯店，家在南部的住墾丁凱撒飯店，家在東部的住知本老爺酒店。住上一、兩天，享受飯店的休閒設施。

先生，不要再買了，你家失火，你太太已經先趕回去了！

對老夫老妻來說，只有夫妻兩人在一起，沒有公事也沒有家事，不論在那裡，那裡都是天堂。

放鬆心情　做愛做的事

國外旅遊又該如何？在語言能力許可的前題下，最好不要參加旅行團，行程不要少於七天，記得帶書和游泳衣。找一個不乏白人（坦白說，白人比較懂渡假，值得觀摩學習）前往觀光的國家，找一個房間數不多，但價位中高（服務人員的品質會比較高）的旅館住下。可以參加當地旅行社辦的一日遊，但以一日爲限，其他時間通通窩在旅館中。

遲遲的起床，慢到不能再慢的吃早餐，虛應故事的游兩下，就躺在游泳池邊的躺椅上曬太陽兼看書，旁邊還要有杯飲料，腦子裡在盤算中飯該吃些什麼。下午亦復如此。晚上到酒吧喝一杯，將心情放鬆到無可放鬆，別多喝，可以回房和太太做愛做的事了。這才是渡假。

奇怪，為什麼每次到了緊要關頭，他人就不見了！

20

夫妻才是家庭的重心

20 夫妻才是家庭的重心

幸福的家庭才能提供子女良好的教育環境，而恩愛的夫妻才可能創造出幸福的家庭。如果夫妻必須爲子女犧牲一切，他們可能會是恩愛的夫妻嗎？又如何能創造出幸福的家庭？

沒有必要也沒有理由爲子女犧牲父母

在傳統的大家庭中，第一代的家長是家庭的重心，小夫妻上有父母公婆，沒有決定權甚至是發言權。現代社會三代同堂的家庭已經稀有到該被政府列入敦風勵俗的模範來保護，而這些極少數的三代同堂家庭，第一代也因爲經濟權的消退而難得擁有多大的權威。然而在現代的小家庭中，家庭重心也未必是夫妻，許多小家庭的家庭重心是子女。

中國人一向具有犧牲這一代成就下一代的偉大精神，但其結果往往是這一代確實是被犧牲了，但並沒有因而成就好下一代。子女絕對需要受到良好的照顧、需要獲得良好的教育，需要父母周全且無私的愛，但絕不能取代父母，成爲家庭的重心。

許多夫妻都不會承認他們家庭的重心是子女。表面上看，他們的子女也的確不是家庭的重心，賺錢的是夫妻、理家的也是夫妻，夫妻當然是家庭的重心。可是再仔細看看，夫妻最關心的是子女，子女的可愛是夫妻的歡笑來源，子女的一丁點優異表現是夫妻的驕傲來源，子女的些許困難是夫妻的煩惱來源，子女其實已經成爲家庭的重心。

孩子優先　父母靠邊

有多少夫妻不是有了小孩之後，就從來沒有兩個人出去看過一場電影，一起陪孩子看他們挑選的電影的機會倒不少。家庭的休閒活動也配合孩子的需求，依孩子年齡的成長做不同的調整。夫妻從小孩落地就不再是家庭的重心了。

久而久之，夫妻也喪失做爲家庭重心的能力。他們只會爲孩子著想，不會爲配偶與自己著想。離開孩子，很難找到別的話題和配偶分享。不會也不想規劃沒有孩子加入的休閒活動行程。

久而久之，孩子會認爲他們就是家庭的重心，父母應該無條件的配合他們，滿足他們的需索無度，關照他們任何細微的情緒變化。有的孩子甚至會以破壞父母感情的方式，換取父母個別對他的效忠、邀寵。他們雖然不至於挑撥離間父母的感情，卻會儘其所能的干擾父母的相處。例如打斷父母的談話，父母擁抱的時候要擠在中間，睡覺也要睡在父母中間。

維繫幸福家庭的最重要因素就是夫妻相愛，而且是不斷的相愛。爲孩子犧牲一切，並不能創造出幸福的家庭。

孩子雖然還小，夫妻兩人也要能狠下心，花錢請保姆來照顧個三、四個小時，讓夫妻能夠出去吃頓飯、看場電影。等孩子大一點，就該找些朋友或鄰居組成「托兒互助會」的組織。平常沒有事時，不妨邀請互助會其他成員的小孩來家作客，甚至是過夜，有時也送自己的小孩到互助會其他成員家玩、睡。如此夫妻就能爭取到難能可貴的獨處時間。

何妨對孩子「狠心」一點

夫妻對孩子的這種「狠心」安排，事實上對孩子百利而無一害，他可以因此學習別人家小孩的特質，學習遵守別人家的家規，他可以因此過得更獨立，更知道如何與別人相處。更重要的是他才會知道父母也需要獨處、父母也需要相愛，而不只是愛他。

家事是每個家人的事，不只是母親或是父親、母親的事，家事的分配應該按年齡大小來分配，只要是子女年齡能勝任，不會有危險的家事，就沒有理由不讓子女做。做家事是培養孩子的責任感，幫助他們成長最有效的方法。

現代的子女，絕大部份都處於被過度關心、被過度照顧、擁有過度豐富的物質又營養過剩的情況，但成爲一個獨立健全的人所需要具備的負責、合作能力，卻嚴重不足。長期處於家庭重心，關心照顧備至的地位，造成子女知識有餘常識不足，聰明有餘智慧不足，IQ有餘EQ不足，機巧有餘厚道不足。將子女置於家庭重心，其實是愛之適足以害之，而且夫妻本身也同受其害。

子女只是過客　夫妻才是歸人

子女只是家庭的過客，夫妻才是家庭的歸人。把子女拘在父母身邊一輩子，父母可憐，子女更可憐。既然子女只是家庭的過客，就沒有理由要成爲家庭的重心。否則曲終人散，客人走了，做主人的情何以堪。子女在父母身邊的日子，平均不到夫妻相處時間的一半，實在沒有取代夫妻成爲家庭重心的理由。

一個以夫妻爲重心的家庭，不會只在意子女的學習，而忽略了夫妻也應繼續學習；不會只在意子女的情緒，而忽略了夫妻雙方的情緒；不會永無止盡的讓子女介入夫妻的生活；不會只愛子女不愛太太或先生。

以子女爲重心的家庭，夫妻間很難存在高品質的愛情。夫妻間要好好相愛，請先將子女這個愛情的第三者，請到第二線。

太太愈寵愈可愛　孩子愈寵愈混蛋

愛太太，就不要只愛孩子不愛太太，孩子再可愛、再優秀、長的再像自己，也還是太太和你一起生的，不是你無性生殖的。凡事總有先來後到，吃果子也要拜樹頭，對太太的愛一定要超過對孩子的愛。

對太太的愛可以毫不保留的盡情付出，對孩子的愛卻要適可而止過猶不及。太太是愈寵愈可愛，孩子是愈寵愈混蛋。兒童時期再貼心的孩子，到了青春期難免陰陽怪氣。太太是當然的老伴，孩子是你老了最好滾蛋。

21

避免出軌

21避免出軌

一夫一妻制有助於人類社會秩序的穩定，避免多數女性爲少數擁有金權的男性所獨佔，且對於人類下一代的成長環境與教育品質能提供最大的保障。因此一夫一妻制是目前世界上絕大多數國家唯一合法的婚姻制度，只不過這個制度基本上是違反人性的。

人性是喜新厭舊又複雜多變的，要求認識交往幾年的男女，相看兩不厭的過完幾十年，簡直比登天還難。在漫長的婚姻旅途中，男女雙方都無可避免的面對來自外界的誘惑。一下子浸淫在外遇的幻想與渴望中，一下又想到配偶的優點與良心的譴責。

外遇：婚外性關係

我覺得用「婚外情」來形容外遇，實在有名不副實過度美化的嫌疑，用「婚外性關係」或許比較合適，因爲太多的外遇是有性無情。

我的一位朋友曾用「戀愛不戀愛，精蟲在做怪」，形容有性無情的男女關係，一針見血的揭穿了好色男的風流面紗。

雖然有的外遇成因是夫妻的道德感較爲低落，並非對於婚姻有何不滿或失望，但絕大多數的外遇成因都是夫妻感情出了問題，或是婚姻中發生變故，如配偶長期生病、生意失敗、事業不順、股票套牢。人最容易在心情低落的時候，轉而向外求取慰藉。

某些男人一旦有了外遇，回家對太太就愈來愈壞，喜歡藉機挑毛病，批評太太人老色衰、身材走樣、不夠性感、沒有情趣、不會賺錢、言語乏味。而許多女人並不知道自己的丈夫已經變心，所有的挑剔來自不斷的拿自己和一個看不見的對手比較，反而產生罪惡感自慚形穢，眞是冤哉枉也。

引狼入室　智者不爲

有的夫或妻認爲，外遇有其正面效果，外遇可以吸引配偶的注意，促成對方或是雙方的改善，以強化原有的婚姻。也有些夫妻經常使用外遇或是營造外遇的假象來刺激對方，使對方更愛自己，但這需要相當高的技巧才行，否則弄巧成拙，引發對方的嫉妒與憤怒，終至一發不可收拾，那才是得不償失。

挾外援以自重，不是有自信心者所當爲。引清兵入關的結果，可是請神容易送神難。

外遇並不好玩，它總是以痛苦、怨恨來收場。外遇也不美，它的破壞力驚人。

夫妻間有一方若有了外遇且爲另一方所知悉，夫妻必然不斷的爭吵，兩人的關係會充滿敵意，不斷的處在警戒狀態或是備戰狀況中，隨時處於火山爆發的邊緣，對夫妻雙方的身心傷害都很大。

外遇必然要花費額外的時間、心力、財力與性能力，免不了會造成工作分心，收入減少或起碼不增加。如此支出增加、收入減少的情況，輕則破壞家庭經濟平衡，重則引起挪用公款貪污瀆職。

無辜的受害者：孩子

相信不會有一位外遇者會希望他（她）的子女長大了，也成爲外遇者或是外遇的受害者，但他（她）可能沒有想到，他（她）的外遇行爲本身，就是負面示範，就是最不好的家庭教育。

外遇必然帶來的家庭震盪、夫妻衝突，對子女勢必構成可怕的影響。這種影響在子女年幼時或許並不顯著，等到孩子成年後，往往會對婚姻產生恐懼感，在人際關係中有自卑感，或是仇視外遇的父母。有些外遇者一直等到十幾年後孩子長大了出現問題了，才悔不當初。

打著愛的招牌　招攬性的歡愉

有些人以爲外遇是爲了尋求神聖的愛，爲了愛可以甘冒天下之大不諱。其實這只是一廂情願自欺欺人的說法。

外遇者在開始階段固然是打著愛的招牌，招攬性的歡愉與享受，但爲期甚短，接踵而來的就是衝突與怨恨。你沒有能力維繫與太太的愛，又如何會有能力維繫與第三者的愛？

對於男性來說，中年是一個外遇的危險期。

男人雖然不像女人有明顯的更年期，雖然不那麼愛照鏡子，但一樣會像女人一樣，在意別人對自己形象的觀感。他們會反省目前的成績，並檢討自己是否還有東山再起的機會。這種自省與比較，常常造成心理的不舒服。女性至少還有做爲母親的成就感，男人則缺乏這種強有力的基礎。尤其是當孩子們邁入反抗期之後，開始向父親的想法挑戰。男性對自身吸引力的懷疑，可能會以外遇來證明。

對於前途的無奈與恐懼，可能促使他們追求狂野的體驗。因而在婚姻期間所壓抑的個性，此時會原形畢露。

中年危機　太太遭殃

中年危機與青少年的反抗期類似，都具有革命性。他們開始懷疑自己存在的意義——「我到底是誰」。當這個問題不斷湧入腦海，情緒也動盪不已，每每發生與家人對抗的情形。所不同的是，青少年對抗的是父母，中年男人則對抗太太。

人過了三十五歲就會開始明白世界是難以征服的，而自己的目標也無法一一實現，甚至是一一無法實現。在人生有涯的覺醒下，許多人懷疑起自我約束的正確性，於是本「性」流露（不是眞情流露），趕搭外遇的末班車。

有的男人倒也不是一開始就心存走私的邪念，只不過想找個太太之外的異性傾訴對象。擁有紅粉知己是許多人的夢想，但既然是夢想，就最好不要讓它成眞。人往往太高估了自己與對方的自制力。或許你在傾聽她智慧言語的同時，難免想像同一張嘴的其他功能；或許你只想和她很愉快的交談，但她可能期待的是你的擁抱。

22

關於婚姻的謬論

22 關於婚姻的謬論

我想沒有一對夫妻會永遠對他們的婚姻百分之百的滿意，這是因爲知足本來就不屬於人性的一部份，而且一般夫妻都對婚姻有過高的期待，以及謬誤的認知。

如果我們能對婚姻有較平實的期待，正確的認知，或許我們的婚姻品質都還過得去。

以下就是一些關於婚姻的謬論：

我們之所以結婚，是因為彼此相愛。

錯。你和你的初戀情人難道不相愛嗎？那爲什麼沒結婚呢？愛情是婚姻所必須，但只有愛情卻無法促成婚姻。

愛情會解決一切問題。

錯。如果你認爲愛情會解決一切的問題，那麼當只剩下一個問題沒有被解決的時候，你反而會懷疑是愛情出了問題。付出與接受，尊重與體諒才能解決一切問題。

婚姻能帶給我快樂。

錯。如果你結婚爲的是逃避你家庭或父母婚姻的不愉快，你的婚姻就不會帶給你快樂。因爲你還沒有學會如何從自己身上讓自己快樂，而不是從自己之外得到快樂。

婚姻能把快樂帶給不快樂的配偶。

錯。如果你和你的配偶同時都把不快樂帶到婚姻中，兩個不自己去尋找快樂的不快樂的人，怎麼可能會因爲在一起而找到快樂呢？

幸福的婚姻是夫妻之間的沒有歧見。

錯。兩個人相處會沒有歧見才怪呢？對方有歧見才能給自己參考、調整、修正的機會。

如果你對你的配偶發脾氣，就表示你的婚姻很糟。

錯。人不可能沒有脾氣與情緒，對你愛的人發脾氣並不代表你不再愛她。

衝突不好，所以夫妻間不該有衝突。

錯。衝突是人類生活的一部分，衝突可以促進和諧，而不是分離。

有孩子會使婚姻更美滿。

錯。你憑什麼叫一個嬰兒承擔這麼大的責任。如果這個嬰兒未能善盡責任，你是不是就不要他了？

藍芽耳機
手機，
各種門號各一支。
GPS衛星定位手錶
BB CALL
以防地下室手機
收不到訊號。

23

愛太太守則

23 結婚十年愛太太守則

一、太太在不遠遊，遊必有電話。行動電話請開機，並別在腰上，不可人機分離。

沒這個習慣嗎？

請養成習慣。

一忙就忘了打嗎？

當初談戀愛的時候可不是這樣吧。再忙也不能忘。

過了正常回家時間就表示會晚回家，所以不用打了嗎？

過了正常回家時間也表示你可能外遇去了，或是出車禍了。

什麼事都要跟太太報告，不是太沒面子了嗎？

錯。不需要跟太太報告的先生才沒面子哩。因爲他們的太太根本不管他們的死活。先生出門就算丟了，回家算撿到了。

二、愛太太就讓太太掌握經濟大權。

如果她能因此增加安全感，增加對你的信任。擁有有安全感的太太的信任，才有自由。革命先烈不都告訴我們「自由要付出代價」嗎？搞政商勾結的財團不是也教育我們「錢能解決的問題就不是問題」嗎？

三、愛太太就別在任何情況下，向任何人說太太的不是。

包括子女、父母、岳父母、你的朋友、太太的朋友。太太的缺點不會因爲你告訴了別人就消失，向別人告狀、訴苦是最不健康、不成熟的發洩方式。

四、愛太太就是自己把菜吃光，別讓太太把菜吃光。剩菜最難處理，分量一點點，儲存很麻煩，倒掉挺浪費，吃下去又會變成肥油、贅肉。所以與其讓太太吃，不如自己搶著吃。坐視太太吃剩菜糟塌身材是不道德的，難道你希望太太的痴肥成爲自己外遇的理由嗎？

五、愛太太就是耐心陪太太逛街。陪太太逛街是難得訓練腿力的機會，更是難得的觀察太太腿力有多驚人的機會。如果你反核四，你就當陪太太逛街是「反核四千里苦行」。如果你不反核四，你就當陪太太逛街是「大甲鎮瀾宮媽祖回娘家」。

六、愛太太就是只交知己，不交姿色。不需要排斥結交異性朋友。有紅粉知己是愉快的事，不要讓它變成不愉快的事的最好方法就是：不交有姿色的知己。

七、愛太太就培養自己對太太的嗜好的興趣。與親密的人分享自己嗜好的樂趣，是自己獨享嗜好的樂趣的一倍。讓太太享受嗜好的樂趣增加，就該培養自己對太太嗜好的興趣。

八、愛太太就動口不動手，不打太太、不打孩子，也不砸東西。這句話是金科玉律，不需要注釋。

九、愛太太就別管她要投票給誰。不管她投給誰，台灣都不見得因此就向下沈淪。干涉她投票，你們的關係可一定會向下沈淪。

十、愛太太就要注意自己的健康，戒煙、戒酒、運動、睡眠充足。先生的健康就是太太的福氣，也是先生自己的福氣。

十一、愛太太就別外遇。

外遇有外遇的樂趣，克制自己不外遇也有克制自己不外遇的樂趣。犯戒有犯戒的樂趣，持戒也有持戒的樂趣。外遇的樂趣到「上床」就終止了，不外遇的樂趣卻是無窮盡的。

十二、愛太太就別問自己能給太太什麼，只問太太需要什麼。

只給太太她需要的，而不是你想要給她的。你的錢、心、力，都該花在刀口上。

十三、愛太太就不要要求太太百分之百了解自己。

你自己就百分之百了解自己嗎？你又百分之百了解你太太嗎？

十四、愛太太就永遠定期和她約會。

約會的定義：

一、這段時間只屬於你們倆，沒有孩子、朋友、同事、電視。

二、這段時間會令人心情愉快，沒有工作、雜務、大哥大、呼叫器。

三、約會的時間是固定而可以期待的，如一週一次，一次三小時。

四、兩人輪流計劃約會的活動。

十五、愛太太就繼續寫情書給她。

寫的話通常比說的話好聽，太太需要聽好話。

十六、愛太太就先去愛她，別等她先來愛你。

爲什麼什麼事你都爭先恐後，唯獨愛太太卻深恐佔了先？

十七、愛太太就別讓她變成網路寡婦。

網路的世界再迷人也比不上活生生的太太。

十八、愛太太就下廚房。

不論太太是家庭主婦或是職業婦女，不論你的手藝如何，太太會喜歡吃先生燒的菜，如同先生喜歡吃太太燒的菜一般。如果你不燒菜只洗碗，太太會更喜歡。

十九、愛太太就信任她。

太太不會平白無故就出軌的，就如同你也不會平白無故就外遇。如果太太沒有出軌的徵兆，何妨全然信任她？如果她有出軌的徵兆，而你未能察覺，那也只有怪你自己了。

二十、愛太太就不要佔有她。

沒有人能夠百分之百擁有另一個人，太太是屬於她自己的。

二十一、愛太太就不要傷害她。

不論是言詞或是表情。不要有諷刺、質問、批評的言詞，不要有不屑、冷漠、無所謂的表情。

二十二、愛太太就把你們的婚姻當你的車一般定期保養、清洗、打蠟。

你一定知道汽車需要定期保養，你可能不知道婚姻也要定期保養。請把你的婚姻當你的愛車一樣的定期保養。如果你的婚姻是你的愛車，請確信它不是雙B就是保時捷、法拉利，這樣你保養起來會更勤快。

二十三、愛太太就不要在你們一起看電視的時候，握著遙控器不放。

誰握著遙控器，誰就擁有看什麼頻道的決定權。握著遙控器不放，就是不尊重太太。

二十四、愛太太就是當她異常挑剔的時候，你要確信那是你太太的壞心情在說話，而不是你太太在說話。

人難免會有遷怒或是情緒失控的時候。表現反常的太太只是她的分身，不是她的本尊。

二十五、愛太太就不可忽視做先生的三大義務：賺錢、回家、性。

這三大義務是做先生的最低標準，似乎不需注釋。

二十六、愛太太就要相信自然就是美。

自然就是美，自然的老化也是美。你和你太太都將自然的老化，你不能只認定自己老化了還美，太太老化了就不美了。

二十七、愛太太就不要分時段，不論她當時是快樂的或是不快樂的。

當太太是甜美、可愛的時候，你才愛的出來；當太太沮喪或是憤怒的時候，你只想到逃走。這算那門子的愛？太太沮喪或是憤怒的時候，就是她最需要你的時候，不要逃避，這時候愛太太才眞是事半功倍。

二十八、愛太太就是別忘了把她的照片放在你的皮夾裡，而且要經常更新，更別忘了要不經意的讓她知道。

許多先生都在當了爸爸之後，就將皮夾裡太太的照片抽出，換上嬰兒的照片，而且還不時拿出給相干或不相干的人展示，巧取豪奪一些「好可愛」、「長的好像你」等言不由衷的溢美。或是永不更新皮夾裡太太的照片，任憑照片泛黃。如此的先生，不是將放照片視爲虛應故事，就是不願正視太太容貌的變化，皆不足取。

105 台北市南京東路四段25號11樓

廣 告 回 信
台灣北區郵政管理局登記證
北台字第10227號

大塊文化出版股份有限公司　收

地址：□□□ ＿＿＿＿＿市／縣＿＿＿＿＿鄉／鎮／市／區

＿＿＿＿＿路／街＿＿＿段＿＿＿巷＿＿＿弄＿＿＿號＿＿＿樓

姓名：

大塊 LOCUS 文化

編號：SM039　書名：粉愛太太

大塊 LOCUS 文化

讀者回函卡

謝謝您購買這本書，爲了加強對您的服務，請您詳細填寫本卡各欄，寄回大塊出版 (免附回郵) 即可不定期收到本公司最新的出版資訊。

姓名：____________________**身分證字號**：____________________

住址：____

聯絡電話：(O)____________________ (H)____________________

出生日期：______年______月______日　E-mail: ____________________

學歷：1.□高中及高中以下　2.□專科與大學　3.□研究所以上

職業：1.□學生　2.□資訊業　3.□工　4.□商　5.□服務業　6.□軍警公教　7.□自由業及專業　8.□其他________

從何處得知本書：1.□逛書店　2.□報紙廣告　3.□雜誌廣告　4.□新聞報導　5.□親友介紹　6.□公車廣告　7.□廣播節目8.□書訊　9.□廣告信函　10.□其他____________

您購買過我們那些系列的書：

1.□Touch系列　2.□Mark系列　3.□Smile系列　4.□Catch系列
5.□PC Pink系列　6□tomorrow系列　7□sense系列　8□天才班系列

閱讀嗜好：

1.□財經　2.□企管　3.□心理　4.□勵志　5.□社會人文　6.□自然科學
7.□傳記　8.□音樂藝術　9.□文學　10.□保健　11.□漫畫　12.□其他_____

對我們的建議：____

____

____

LOCUS

LOCUS

LOCUS

LOCUS